I0567630

BESTACTIVITYBOOKS.COM

PRIMA EDIZIONE 2022

Illustrazione Grafica Extra: www.freepik.com
Grazie a Alekksall, Starline, Pch.vector, Rawpixel.com, Vectorpocket, Dgim-studio, Upklyak, Macrovector, Stockgiu, Pikisuperstar & Freepik.com Designers

5 CONSIGLI PER INIZIARE

1) COME RISOLVERE LE PAROLE INTRECCIATTE

I puzzle hanno un formato classico:

- Le parole sono nascoste senza spazi o trattini,...
- Orientamento: Le parole possono essere scritte in avanti, indietro, verso l'alto, verso il basso o in diagonale (possono essere invertite).
- Le parole possono sovrapporsi o intersecarsi.

2) APPRENDIMENTO ATTIVO

Accanto ad ogni parola c'è uno spazio per scrivere la traduzione. Per incoraggiare l'apprendimento attivo, un **DIZIONARIO** alla fine di questa edizione vi permetterà di controllare e ampliare le vostre conoscenze. Cerca e scrivi le traduzioni, trovale nel puzzle e aggiungile al tuo vocabolario!

3) SEGNARE LE PAROLE

Puoi inventare il tuo sistema di segni. Forse ne usi già uno? Per esempio, puoi segnare le parole difficili da trovare con una croce, le parole preferite con una stella, le parole nuove con un triangolo, le parole rare con un diamante, e così via.

4) STRUTTURARE L'APPRENDIMENTO

Questa edizione offre un **TACCUINO** alla fine del libro. In vacanza, in viaggio o a casa, puoi organizzare facilmente le tue nuove conoscenze senza bisogno di un secondo quaderno!

5) AVETE FINITO TUTTE LE GRIGLIE?

Nelle ultime pagine di questo libro, nella sezione della **SFIDA FINALE**, troverete un gioco gratuito!

Facile e veloce! Dai un'occhiata alla nostra collezione di libri di attività per il tuo prossimo momento di divertimento e **apprendimento,** a portata di clic!

Trova la tua prossima sfida su:

BestActivityBooks.com/MioProssimoLibro

Ai vostri posti, pronti...Via!

Sapevi che ci sono circa 7.000 lingue diverse nel mondo? Le parole sono preziose.

Amiamo le lingue e abbiamo lavorato duramente per creare libri di altissima qualità. I nostri ingredienti?

Una selezione di argomenti adatti all'apprendimento, tre buone porzioni di intrattenimento, una cucchiaiata di parole difficili e una spolverata di parole rare. Li serviamo con amore e entusiasmo in modo che tu possa risolvere i migliori giochi di parole e divertirti imparando!

La vostra opinione è essenziale. Puoi partecipare attivamente al successo di questo libro lasciandoci un commento. Ci piacerebbe sapere cosa ti è piaciuto di più di questa edizione.

Ecco un link veloce alla pagina dell'ordine:

BestBooksActivity.com/Recensione50

Grazie per il vostro aiuto e buon divertimento!

Tutta la squadra

1 - Scacchi

A	Z	J	I	B	H	H	T	L	K	J	I	U	N	M	P
N	E	L	E	G	E	R	O	Q	C	M	W	C	M	J	S
V	I	S	S	A	P	T	U	C	K	E	N	G	I	N	P
V	T	J	G	U	L	V	R	S	G	X	H	I	J	P	J
U	O	Q	Y	N	J	W	N	S	C	H	N	V	N	A	X
L	L	D	H	B	F	M	O	I	N	H	P	G	N	M	S
S	I	N	U	L	G	K	I	Ä	E	S	W	D	U	N	N
E	P	O	G	B	S	I	U	W	L	W	J	A	X	E	A
X	H	I	S	T	R	A	T	E	G	I	E	F	A	Y	V
A	M	P	L	Q	A	G	H	L	D	J	Y	H	O	R	I
Q	I	M	L	L	O	D	N	K	R	M	L	A	P	E	Z
H	D	A	I	Z	E	X	P	S	O	G	Y	P	G	N	X
R	G	H	P	I	O	R	L	F	L	Y	U	B	R	G	U
S	C	C	S	C	P	J	S	Y	Q	U	E	E	N	I	R
C	W	C	O	N	C	O	U	R	S	L	F	I	D	É	N
D	I	A	G	O	N	A	L	P	I	C	X	U	H	G	P

GÉIGNER
WÄISS
CHAMPION
CONCOURS
DIAGONAL
SPILLER
SPILL
SCHWAARZ
PASSIV
KENG
QUEEN
REGELEN
DUNN
STRATEGIE
ZEIT
TOURNOI

2 - Salute e Benessere #2

S	P	I	D	O	L	M	I	Z	B	G	C	C	K	A	G
H	S	L	U	Q	S	S	F	T	W	J	T	J	I	K	E
D	V	E	R	D	A	U	U	N	G	N	E	J	T	E	S
I	C	O	G	Y	J	F	Y	L	J	U	K	P	E	Q	O
É	Z	R	B	J	F	S	E	I	M	O	T	A	N	A	N
T	I	T	E	P	P	A	N	H	Q	I	H	S	E	S	D
V	I	T	A	M	I	N	E	Y	Y	T	C	G	G	A	Q
M	A	S	S	A	G	E	R	G	Q	A	I	K	T	T	U
P	X	V	D	F	N	I	G	I	S	R	W	I	S	X	E
K	B	W	Z	S	U	R	I	E	P	D	E	G	T	O	L
H	I	X	G	Y	R	O	E	N	W	Y	G	E	P	T	L
B	P	L	G	Q	H	L	W	E	W	H	U	V	U	U	T
L	W	C	K	S	Ä	A	E	K	I	E	R	P	E	R	E
U	U	W	E	N	N	K	B	A	D	D	Q	B	V	L	X
T	Y	M	B	B	R	A	L	L	E	R	G	I	E	E	T
T	Z	P	U	Y	E	K	R	A	N	K	H	E	I	T	Z

ALLERGIE
ANATOMIE
APPETIT
KALORIE
KIERPER
DIÉT
VERDAUUNG
DEHYDRATIOUN
ENERGIE
GENETIK
HYGIENE
QUELLTEXT
KRANKHEIT
MASSAGE
ERNÄHRUNG
SPIDOL
GEWICHT
BLUT
GESOND
VITAMIN

3 - Aggettivi #2

Q	H	C	M	D	L	D	N	N	V	K	C	L	S	K	E
Q	D	V	K	E	I	E	E	V	O	U	V	G	T	A	L
O	Q	I	X	L	E	Q	I	P	O	R	L	X	E	D	E
I	V	T	Q	B	S	N	W	I	N	V	M	C	R	R	G
P	P	P	V	A	E	A	R	G	W	Y	F	A	K	A	A
S	É	I	S	S	N	T	M	U	R	E	B	X	L	M	N
I	M	R	A	N	T	U	H	U	N	G	R	I	G	A	T
O	N	K	Y	O	Q	R	M	E	A	O	N	C	Y	T	U
C	N	S	B	P	A	E	Z	G	U	N	U	E	N	I	B
R	A	E	O	S	W	L	G	E	S	O	N	D	R	S	K
I	K	D	K	E	V	L	V	E	L	F	G	U	A	C	R
I	N	T	E	R	E	S	S	A	N	T	L	A	S	H	E
D	R	Ë	C	H	T	J	B	O	V	L	K	N	T	N	A
P	R	O	D	U	K	T	I	V	G	K	F	B	O	P	T
L	M	B	I	O	U	F	Y	V	H	S	Y	J	L	K	I
O	N	O	R	R	V	Z	W	Y	R	J	U	X	Z	C	V

HUNGRIG
DRËCHT
LIESEN
KREATIV
DESKRIPTIV
SÉIS
DRAMATISCH
ELEGANT
BERUMT
STERK
INTERESSANT
NATURELL
NORMAL
NEI
STOLZ
PRODUKTIV
RENG
RESPONSABLE
SALT
GESOND

4 - Ingegneria

V	D	E	H	F	Q	K	L	K	H	M	X	D	S	L	O
K	E	I	N	D	A	U	X	U	I	I	Q	U	T	S	S
I	O	R	E	E	V	B	M	A	E	E	M	E	A	T	B
G	D	W	D	S	R	L	B	Q	W	S	Q	R	B	R	F
B	L	A	Q	E	E	G	O	B	E	S	U	C	I	U	E
E	A	C	H	S	E	L	I	Z	L	U	D	H	L	K	D
R	M	O	T	O	R	L	Ö	E	E	N	D	M	I	T	T
E	M	I	T	R	B	P	U	L	L	G	D	I	T	U	Q
C	M	A	S	C	H	I	N	N	E	Y	É	E	É	R	Y
H	D	I	A	G	R	A	M	M	G	F	I	S	I	V	G
N	K	R	A	F	T	F	F	I	N	L	F	S	T	K	L
I	I	Q	U	K	W	P	L	O	E	Ë	T	E	U	C	Z
N	P	P	W	M	H	G	I	W	M	S	R	R	T	R	H
G	U	N	D	R	I	F	F	Q	A	C	O	P	W	M	K
B	A	U	O	X	T	N	D	F	R	H	L	Q	J	P	W
W	X	J	W	P	B	F	S	H	L	T	X	U	K	L	P

ENGEL
ACHS
BERECHNING
BAU
DIAGRAMM
DUERCHMIESSER
DIESELÖL
VERDEELUNG
ENERGIE
KRAFT
HIEWELE
FLËSCHT
MASCHIN
MIESSUNG
MOTOR
DÉIFT
UNDRIFF
STABILITÉIT
STRUKTUR

5 - Archeologia

M	F	R	A	G	M	E	N	T	A	T	S	V	G	O	H
G	Y	P	Z	M	A	I	S	A	O	N	B	E	B	J	A
G	E	S	Z	E	T	S	K	D	J	N	I	R	B	N	A
F	I	G	T	R	E	L	I	C	H	A	N	G	D	T	P
U	Y	S	E	E	C	G	U	C	D	K	T	I	D	Z	T
I	W	D	V	N	R	S	X	Q	O	E	Ä	E	C	A	S
I	O	H	O	G	S	I	J	C	B	B	T	S	N	Y	Ä
E	X	P	E	R	T	T	E	F	I	N	I	S	O	J	C
Z	I	V	I	L	I	S	A	T	I	O	U	N	K	T	H
Z	N	V	X	Z	J	G	Z	R	M	T	Q	U	O	E	L
F	U	E	R	S	C	H	E	R	Ä	E	I	A	M	M	E
L	Y	Y	Q	T	G	R	A	F	Q	A	T	N	M	P	C
S	K	E	L	E	T	T	E	E	F	M	N	A	E	E	H
E	V	A	L	U	A	T	I	O	U	N	A	L	N	L	N
I	H	Y	T	G	H	X	W	W	N	W	B	Y	N	L	V
N	Q	R	N	P	L	J	O	M	G	D	U	S	S	D	M

ANALYS
ANTIQUITÄT
ZIVILISATIOUN
VERGIESS
NOKOMMEN
ÄRA
EXPERT
HAAPTSÄCHLECH
FRAGMENT
MYSTERIE
GEGENST
SKELETT
RELICH
FUERSCHER
ONBEKANNT
TEAM
TEMPEL
GRAF
EVALUATIOUN

6 - Salute e Benessere #1

I	D	L	A	U	L	D	B	G	B	X	N	S	X	X	K
B	P	O	X	H	Q	U	E	E	A	G	C	N	N	I	S
I	Z	X	K	N	X	C	H	W	K	I	N	I	L	K	K
J	O	I	W	T	Z	J	A	O	T	T	C	Z	L	Q	E
A	K	T	I	V	E	O	N	H	E	P	R	I	F	P	L
S	G	T	D	A	R	R	D	N	R	E	R	D	H	U	E
H	H	U	N	G	E	R	L	H	I	R	N	E	P	A	T
P	E	K	O	E	T	O	I	E	E	U	E	M	H	D	T
D	J	I	M	I	V	H	N	I	N	T	L	F	C	C	U
D	V	A	R	P	K	R	G	T	T	K	E	W	L	R	A
X	F	I	O	A	F	J	E	X	W	A	K	V	M	E	H
E	X	B	H	R	S	K	Y	N	B	R	S	Y	J	Z	X
Y	I	W	J	E	V	I	R	U	S	F	U	C	Z	L	O
B	G	R	R	H	F	Y	F	V	E	S	M	P	S	Q	Y
L	S	V	N	T	H	É	I	C	H	T	K	I	D	P	A
W	O	I	W	M	R	E	L	A	X	A	T	I	O	U	N

GEWOHNHEIT
HÉICHT
AKTIV
BAKTERIEN
KLINIK
HUNGER
APDIKT
FRAKTUR
MEDIZIN
DOKTER
MUSKELEN
NERVEN
HORMON
SKELETT
HAUT
REFLEX
RELAXATIOUN
THERAPIE
BEHANDLING
VIRUS

7 - Aggettivi #1

K	F	U	W	Y	A	N	N	Ë	D	R	Q	X	É	M	G
O	T	B	A	F	J	H	W	X	X	É	A	G	I	O	R
P	G	C	B	Y	L	L	C	O	D	U	I	J	S	D	O
K	Q	Z	S	A	D	Q	M	L	X	W	H	F	C	E	U
N	C	B	O	E	R	E	I	É	W	H	C	S	H	R	S
E	H	F	L	B	S	T	K	E	F	R	E	P	T	N	S
L	X	C	U	X	D	H	I	B	W	T	Y	J	R	B	M
L	E	O	T	K	O	C	F	S	N	A	K	T	I	V	L
I	Y	K	T	S	A	S	G	E	T	H	C	I	W	B	A
V	M	T	D	I	S	Ë	N	U	S	I	A	N	F	K	N
L	J	N	W	T	S	W	O	L	R	X	K	H	X	M	G
X	S	B	R	N	Y	K	J	L	N	V	N	B	X	B	Y
L	H	X	D	E	N	H	S	C	U	N	N	U	M	X	R
R	Y	Q	I	D	A	R	O	M	A	T	I	S	K	E	J
M	H	Q	W	I	I	V	T	C	J	L	B	V	E	M	F
E	H	R	G	E	I	Z	I	G	X	B	Z	A	L	A	Y

EHRGEIZIG
AROMATISK
ARTISTIK
ABSOLUT
AKTIV
GROUSS
EXOTISK
VILLEN
JONG
IDENTISK

WICHTEG
LUES
LANG
MODERN
ÉISCHT
PERFEKT
SCHWÉIER
WËSCHT
DÉIF
DËNN

8 - Geologia

G	N	A	L	P	C	Z	I	K	A	L	C	I	U	M	S
E	Z	U	V	Z	T	Q	Y	Y	Y	D	Q	I	H	Q	A
I	S	U	A	M	C	N	E	L	L	A	T	S	I	R	K
S	X	T	O	U	A	Y	E	X	L	P	Q	U	A	R	Z
E	I	U	A	N	M	L	F	N	E	L	L	A	R	O	K
R	E	C	V	L	O	Z	R	E	I	A	S	Q	W	Ä	R
S	F	Q	A	H	A	S	O	Y	H	T	K	T	G	E	U
N	A	W	L	G	I	K	L	A	R	E	N	I	M	R	A
W	G	L	E	L	B	G	T	N	I	A	H	O	J	D	Z
U	Z	B	Z	X	Z	K	C	I	L	U	Z	M	K	B	S
V	U	L	K	A	N	C	S	K	T	K	U	J	O	I	T
H	A	A	P	T	S	Ä	C	H	L	E	C	H	A	E	E
Q	R	S	T	A	L	A	G	M	I	T	E	N	T	W	I
D	E	E	L	Y	E	R	O	S	I	O	U	N	E	E	N
F	C	L	U	Q	W	P	T	H	V	R	G	P	Z	N	B
D	O	Z	Y	L	G	K	D	R	T	D	I	S	M	Y	G

SAIER
PLATEAU
KALCIUM
HIEL
KONTINENT
KORALLEN
KRISTALLEN
EROSIOUN
HAAPTSÄCHLECH
GEISER
LAVA
MINERAL
STEIN
QUARZ
SALZ
STALAGMITEN
STALAKTIT
PLANG
ÄERDBIEWEN
VULKAN

9 - Campeggio

W	T	D	Y	L	Q	H	C	G	O	N	U	P	N	P	I
D	L	A	W	F	H	Ä	V	U	A	O	Q	M	V	S	K
I	É	S	U	U	K	N	N	A	T	U	R	L	Z	K	E
B	N	I	M	R	A	G	L	X	C	H	I	E	A	W	Q
I	N	S	E	X	N	E	P	M	L	U	F	I	Z	G	H
E	I	S	E	R	N	M	R	O	K	O	M	P	A	S	S
R	B	A	B	K	E	A	D	U	E	I	Y	J	J	X	L
G	A	P	E	G	T	T	I	N	T	E	U	H	G	Y	P
P	K	S	N	J	R	T	U	T	H	N	L	Y	V	T	I
V	A	Y	J	X	A	E	P	L	C	P	E	H	Z	M	Y
U	R	G	H	J	A	I	G	E	A	I	Q	V	W	R	D
B	Q	V	R	S	K	H	B	Z	J	W	N	E	A	G	Q
Y	O	A	A	V	M	F	D	T	Q	L	J	Q	I	V	N
H	K	I	Z	D	G	K	J	W	F	U	Q	H	H	H	G
V	S	D	Y	I	G	Q	J	B	B	E	B	R	L	R	P
L	H	T	P	S	E	E	L	G	B	N	R	F	P	G	S

BEEM
HÄNGEMATTE
DÉIER
AVENTURE
KOMPASS
KABINN
JACHT
KANN
HUET
SEEL
SPASS
WALD
FIR
INSEKT
SÉI
MOUNT
KAART
BIERG
NATUR
ZELT

10 - Tempo

H	P	V	I	V	F	N	V	I	U	W	A	M	C	G	G
A	I	A	Z	R	L	Q	Q	P	R	Q	N	E	K	R	E
G	Z	T	Q	E	L	N	T	Z	G	G	N	I	B	Q	O
Q	E	I	G	G	Z	Q	C	F	J	O	U	D	P	V	I
I	D	S	A	T	F	N	U	K	U	Z	E	E	H	I	T
V	O	W	T	U	A	H	U	A	U	V	L	N	F	K	P
R	F	W	R	E	D	A	K	E	D	R	L	N	D	A	U
M	O	I	E	N	R	F	I	R	C	Y	C	Z	O	K	G
F	F	N	W	W	E	N	G	E	W	H	C	S	E	G	N
V	Z	L	O	F	O	C	O	U	X	Q	T	P	T	Z	S
D	A	G	C	V	J	F	K	A	L	E	N	D	E	R	T
Y	Y	V	H	M	I	N	U	T	T	Y	I	J	H	Z	O
I	F	T	S	D	K	X	K	M	O	U	N	T	Y	J	N
V	X	L	U	O	T	Q	L	O	J	D	F	F	L	A	N
J	O	E	R	H	O	N	N	E	R	T	F	I	S	R	X
V	Q	F	X	A	J	G	G	R	J	A	Y	G	S	P	N

JOER
ANNUELL
KALENDER
DEKADE
NO
ZUKUNFT
DAG
GESTERN
MOIEN
MOUNT
MEIDEN
MINUTT
NUECHT
HAUT
STONN
AUER
GESCHW
FIR
JOERHONNERT
WOCH

11 - Astronomia

P	M	T	X	Z	D	R	E	Ä	H	S	A	A	K	Z	O
O	L	O	O	Z	P	A	Y	X	L	O	S	J	R	B	B
K	G	A	U	Z	J	K	H	E	K	J	T	F	E	E	P
S	Y	L	N	N	N	É	T	D	I	O	R	E	T	S	A
E	Y	S	V	E	T	I	P	H	H	T	O	U	I	O	E
L	M	K	H	Y	T	T	G	U	L	I	N	N	É	M	Q
E	S	Y	G	A	L	A	X	Y	W	G	O	I	T	S	U
T	T	I	E	R	K	R	E	I	S	W	M	V	I	O	I
O	B	S	E	R	V	A	T	I	O	U	N	E	V	K	N
N	E	B	E	L	D	T	B	T	G	P	N	R	A	Q	O
M	E	R	U	H	G	N	I	L	A	R	T	S	R	J	X
H	I	M	M	E	L	Z	S	R	M	O	P	U	G	N	P
A	S	T	R	O	N	A	U	T	C	E	W	M	Q	R	W
U	N	G	I	N	P	K	W	Z	X	T	E	K	Y	N	P
S	U	P	E	R	N	O	V	A	I	E	A	E	K	K	F
I	Y	J	U	J	S	K	G	L	L	M	B	E	W	L	A

ASTEROID
ASTRONAUT
ASTRONOM.
HIMMEL
KOSMOS
EQUINOX
GALAXY
GRAVITÉIT
MOUNT
METEOR
NEBEL
OBSERVATIOUN
PLANET
STRALING
RAKÉIT
SUPERNOVA
TELESKOP
ÄERD
UNIVERSUM
TIERKREIS

12 - Algebra

P	O	J	O	G	W	D	X	V	Q	E	I	I	J	B	P
G	O	N	P	L	E	B	A	I	R	A	V	A	K	P	A
F	O	R	M	E	L	E	J	D	R	Z	H	B	C	L	R
F	T	V	S	U	B	T	R	A	K	T	I	O	N	I	E
V	A	I	O	Z	V	P	F	W	Z	O	A	S	U	N	N
E	W	K	A	R	M	R	R	W	B	N	U	M	O	E	T
R	R	A	T	B	M	O	A	E	K	E	V	U	I	A	H
F	E	E	C	O	A	B	K	L	S	N	D	M	T	R	E
E	X	O	K	T	R	L	T	N	F	D	F	S	A	K	S
I	P	O	S	G	G	E	I	Y	A	L	L	L	U	N	S
C	O	F	Q	T	A	M	O	P	F	E	Ë	G	Q	I	S
H	N	Y	A	J	I	J	U	Q	R	C	S	F	E	G	R
E	E	Q	J	L	D	G	N	E	L	H	C	J	N	R	J
N	N	O	Y	E	S	O	F	D	R	R	H	A	F	U	L
Y	T	J	K	E	X	C	X	G	G	N	T	C	Q	K	E
X	W	Q	L	H	J	W	H	R	R	Y	S	D	D	V	K

DIAGRAMM
EQUATIOUN
EXPONENT
FALSCH
FAKTOR
FORMEL
FRAKTIOUN
ONENDLECH
LINEAR
MATRIX
ZUEL
PARENTHES
PROBLEM
VERFEICHEN
LËSCHT
SUBTRAKTION
VARIABEL
NULL

13 - Mitologia

F	B	Q	K	S	M	C	J	F	J	K	V	Q	E	R	I
D	L	L	I	T	N	I	R	Y	B	A	L	G	D	D	Z
G	T	F	Ë	V	V	F	M	O	D	T	L	L	G	R	K
B	I	G	J	T	D	W	O	V	B	A	M	Z	W	G	U
Q	S	X	H	N	T	Z	N	E	B	S	V	R	A	E	L
S	P	A	W	E	C	K	S	R	U	T	A	E	R	K	T
R	J	F	S	G	B	P	T	H	C	R	H	T	L	B	U
A	A	T	M	N	F	D	E	A	Y	O	D	E	Q	M	R
C	L	J	E	U	J	J	R	L	S	P	A	W	L	J	F
H	O	O	N	G	I	N	F	E	M	H	U	N	A	D	I
E	U	F	Z	U	S	C	H	A	F	U	N	G	L	S	H
Z	S	N	G	E	S	E	E	C	H	E	K	R	A	F	T
L	I	D	G	Z	H	I	M	M	E	L	Z	C	D	C	V
W	E	U	N	R	E	N	N	O	D	I	F	J	V	E	L
A	R	C	H	E	T	Y	P	K	R	I	E	G	E	R	F
P	H	G	Q	B	U	N	B	Z	C	O	P	I	T	M	K

ARCHETYP
VERHALE
KREATUR
SCHAFUNG
BERZEUGUNGEN
KULTUR
KATASTROPH
HELD
KRAFT
BLËTT
JALOUSIE
KRIEGER
LABYRINT
SEECHE
SPAWECK
MONSTER
HIMMEL
DONNER
RACHE

14 - Piante

H	V	H	V	W	B	A	M	B	U	A	C	R	N	N	C
V	K	T	G	F	U	A	T	T	A	N	R	J	E	J	V
A	B	Y	A	P	I	E	T	Q	S	D	C	Y	R	E	W
T	O	O	R	I	Q	B	S	A	R	G	C	Y	J	A	N
T	X	M	D	O	G	E	U	S	Z	R	W	A	L	D	B
Ë	G	A	E	Z	K	R	T	L	E	D	Ü	N	G	E	R
L	S	V	N	I	T	R	K	M	P	V	C	M	F	S	B
B	O	L	E	R	N	Y	A	L	M	O	O	S	B	N	G
O	X	J	N	X	V	A	K	W	V	B	W	R	K	K	H
B	A	M	A	J	B	R	T	B	L	O	E	M	I	I	Z
K	F	Y	B	F	Z	O	F	O	H	B	E	F	E	U	L
G	Q	B	Y	I	A	L	B	A	B	W	U	W	M	J	R
A	L	K	G	E	W	F	L	V	J	O	V	S	B	N	L
Y	U	H	S	A	N	Q	A	M	F	P	C	A	C	J	S
K	A	Y	K	D	S	R	T	Z	H	W	H	M	X	H	R
V	E	G	E	T	A	T	I	O	U	N	U	D	V	K	R

BAM
BERRY
BAMBU
BOTANIE
KAKTUS
BUSCH
WUESSE
EFEU
GRAS
BANEN
DÜNGER
BLOEM
FLORA
BLAT
BLËTT
WALD
GARDEN
MOOS
ROOT
VEGETATIOUN

15 - Spezie

F	E	N	C	H	E	L	S	A	M	E	N	E	P	G	K
Y	N	N	O	U	H	G	W	P	V	T	C	D	L	S	N
M	U	S	K	A	T	N	U	T	S	L	N	A	A	U	U
E	A	S	I	K	C	U	R	R	Y	P	A	S	T	E	E
R	C	A	R	É	O	Q	M	B	M	M	E	L	N	I	W
E	D	L	Q	F	S	R	E	F	F	E	F	P	E	N	E
J	Z	Z	K	M	X	K	I	A	I	E	B	W	I	G	L
D	N	J	W	C	I	U	A	A	X	Q	H	N	F	W	E
P	A	P	R	I	K	A	O	R	N	T	C	V	A	E	K
T	G	O	U	S	B	N	A	E	D	D	I	N	S	R	F
G	K	L	I	B	U	U	H	N	K	E	E	N	K	T	I
E	F	J	J	V	G	Q	S	N	I	Z	M	R	L	Y	N
V	D	N	Y	N	Z	Q	O	Ë	O	I	R	O	E	D	C
V	X	X	G	E	O	Z	B	M	W	M	U	H	M	S	S
C	V	W	N	N	M	D	Z	X	J	T	T	C	E	W	J
V	A	N	I	L	L	E	A	N	I	S	U	T	P	N	Q

KNUEWELEK
JEREMY
ANIS
ZIMT
KARDEMOM
ËNNER
KORIANDER
MMEL
TURMEICH
CURRYPASTE
SÉIS
FENCHELSAMEN
GOUS
MUSKATNUTS
PAPRIKA
PFEFFER
SALZ
VANILLE
SAFIENTAL
INGWER

16 - Numeri

Y	I	D	H	W	F	L	K	U	Z	E	C	G	W	D	U
V	E	O	D	U	H	D	M	A	W	Z	É	N	G	R	A
H	P	Y	R	E	I	V	N	J	A	K	Y	É	N	Ä	A
V	A	U	D	S	Z	L	A	D	N	O	N	Z	É	I	C
N	Q	D	Q	E	Q	I	Z	U	Z	C	M	T	Z	Z	H
N	É	N	G	W	J	Ä	M	Q	E	H	Z	H	N	É	T
H	G	U	E	E	M	R	V	A	G	N	U	C	O	N	V
E	J	P	Q	N	E	D	J	L	L	U	N	E	N	G	É
Z	W	I	E	L	E	F	S	E	C	H	S	U	Z	U	I
H	U	D	H	C	W	U	E	F	O	F	Z	É	N	G	E
C	S	I	E	B	Z	E	H	N	E	F	L	E	H	Q	R
E	M	K	T	S	F	T	Q	K	N	N	W	D	A	T	Z
S	C	X	P	Y	D	K	Q	Y	Z	Ë	T	D	M	H	É
A	U	L	U	K	X	M	E	A	I	C	F	L	Y	C	N
A	D	V	V	C	D	Z	A	A	C	O	X	Z	D	K	G
F	Y	Z	V	I	K	I	H	Z	D	O	F	H	C	J	T

FËNNEF
DEZIMAL
NONZÉNG
SIEBZEHN
UECHTZÉNG
ZÉNG
ZWIELEF
ZWEE
NÉNG
AACHT

VÉIERZÉNG
VIER
FOFZÉNG
SECHZEHN
SECHS
SEWEN
DRÄI
DRÄIZÉNG
ZWANZEG
NULL

17 - Guida

P	A	D	O	T	U	G	D	A	O	R	V	C	Q	S	V
L	J	A	C	Z	K	H	A	I	I	K	V	U	Q	A	I
H	P	D	Z	A	X	F	R	S	I	S	T	A	B	F	T
L	I	Z	E	N	S	P	R	K	S	U	U	Z	R	E	E
L	Y	Y	R	U	V	A	O	R	J	C	N	L	E	C	S
N	F	R	Q	B	B	U	T	T	P	S	N	G	M	I	S
H	F	X	G	L	U	K	O	T	B	W	E	J	S	V	E
P	O	L	I	C	E	D	M	R	H	U	L	A	E	I	V
V	T	Z	P	E	G	E	F	O	R	W	S	C	N	Q	K
H	S	L	A	X	G	Z	V	P	O	I	Z	C	I	S	Q
R	N	K	T	X	G	A	T	S	T	F	Z	I	J	I	Z
A	N	Z	P	H	J	U	R	N	O	L	X	D	F	L	R
S	E	N	G	F	J	T	A	A	M	R	Q	E	U	M	F
R	R	R	N	C	K	O	A	R	G	E	K	N	G	X	F
O	B	T	R	A	F	I	K	T	Y	X	R	T	H	Q	F
F	O	U	S	S	G	Ä	N	G	E	R	M	F	F	N	F

AUTO
BUS
BRENNSTOFF
BREMSEN
GARAGE
GASS
ACCIDENT
LIZENS
KAART
MOTORRAD
MOTOR
FOUSSGÄNGER
GEFOR
POLICE
SAFE
ROAD
TRAFIK
TRANSPORT
TUNNEL
VITESSE

18 - Forza e Gravità

G	O	T	S	V	F	A	Z	U	F	A	P	P	J	U	M
E	D	G	U	T	G	S	X	S	O	R	O	H	M	N	I
E	N	T	D	E	C	K	U	N	G	L	Z	Y	W	I	H
M	D	S	H	C	A	Y	W	T	O	L	U	S	Z	V	A
S	I	F	H	C	S	I	M	A	N	Y	D	I	E	E	V
I	S	N	U	O	I	S	N	A	P	X	E	K	I	R	W
T	T	E	M	B	U	W	Y	D	F	J	S	C	T	S	C
E	A	L	E	C	G	B	E	Z	E	S	S	E	I	E	P
N	N	U	G	G	E	U	K	G	S	K	E	N	B	L	L
G	Z	N	K	V	E	J	V	Z	U	N	T	T	R	L	C
A	J	R	E	Y	H	S	V	Z	L	C	I	R	O	K	Z
M	M	K	V	R	S	K	C	O	R	D	V	E	V	A	D
M	P	D	U	X	L	D	H	H	H	Q	K	Y	N	A	W
O	Q	U	N	M	C	K	I	N	A	H	C	E	M	A	L
U	G	H	V	P	U	H	P	A	Z	F	M	T	Y	T	J
W	E	Q	R	B	L	V	T	I	C	G	T	S	H	E	U

ACHS
CENTRE
DYNAMISCH
DISTANZ
EXPANSIOUN
PHYSIK
MAGNETISME
MECHANIK
ORBIT
GEWICHT
DROCK
EEGESCHAFT
ENTDECKUNG
ZEIT
UNIVERSELL
VITESSE

19 - Sport

T	T	E	V	C	H	A	M	P	I	O	N	N	A	T	Q
R	L	N	E	E	E	V	E	K	R	A	V	L	R	M	S
E	L	O	E	P	H	M	A	V	L	D	V	L	A	P	T
W	I	A	L	L	A	B	E	S	A	B	J	P	W	K	A
W	P	S	R	E	L	L	I	P	S	A	B	X	O	I	D
I	S	S	H	B	U	Y	W	F	Z	P	J	S	G	H	I
R	R	S	L	O	I	A	B	E	W	E	G	U	N	G	O
E	D	M	H	B	C	T	A	T	H	L	E	T	D	B	N
X	U	E	M	L	M	K	T	G	T	R	A	I	N	E	R
E	Q	P	H	O	I	G	E	E	B	L	W	R	P	J	I
G	E	W	Ë	N	N	E	R	Y	R	A	B	F	T	S	F
F	I	T	N	E	S	S	R	A	U	M	S	P	X	W	S
T	E	N	N	I	S	P	L	A	T	Z	F	K	P	B	I
C	G	O	L	F	P	L	A	T	Z	H	Q	S	E	L	P
M	Y	V	L	K	A	F	P	K	R	Y	J	N	C	T	E
Q	K	O	I	E	V	T	E	A	M	L	J	I	C	A	W

TRAINER
ARBITTER
ATHLET
BASEBALL
BASKET
VEEL
CHAMPIONNAT
ERIWWER.
SPILLER
SPILL
GOLFPLATZ
EISHOCKEY
BEWEGUNG
FITNESSRAUM
TEAM
STADION
TENNISPLATZ
GEWËNNER

20 - Uccelli

N	H	P	A	P	A	G	E	I	E	N	H	H	I	P	K
K	C	U	K	C	G	E	S	D	W	M	X	D	P	E	E
Y	R	C	H	J	Ä	E	M	X	O	H	F	B	D	L	O
N	O	E	D	N	I	X	T	O	S	U	N	U	S	I	U
J	T	Z	H	A	S	A	U	L	Y	H	W	B	D	K	D
S	S	P	A	W	N	C	D	H	E	X	H	E	D	A	W
O	M	D	S	S	S	G	P	B	V	N	X	Z	N	N	F
F	B	W	P	M	J	I	M	Y	Ö	A	T	V	I	O	L
P	J	I	A	J	T	N	X	O	M	C	R	E	U	S	A
O	F	A	U	R	E	I	H	E	R	U	X	C	G	T	M
A	J	N	E	S	Z	T	D	J	T	O	V	U	N	R	I
E	D	O	R	H	T	S	W	W	O	T	N	Y	I	U	N
D	R	E	E	K	R	C	O	L	U	M	B	A	P	U	G
E	N	K	L	P	A	V	O	F	F	T	L	C	A	S	O
O	X	L	D	K	I	H	D	Q	X	H	J	A	C	Z	S
K	N	K	A	B	K	K	F	U	L	E	I	G	A	L	T

REIHER
ENTE
ADLER
STORCH
SWAN
DOUWEN
KUCK
FLAMINGO
MÖVE
GÄIS

PAPAGEI
SPAUER
PAVO
PELIKAN
COLUMBA
PINGUIN
HUHN
STRUUS
TOUCAN
EEG

21 - Giorni e Mesi

S	W	I	X	N	K	O	T	E	S	R	U	H	L	K	Y
U	D	Ë	N	S	C	H	D	E	G	I	R	Q	P	A	S
Z	R	I	G	E	D	H	C	S	M	A	S	R	Q	L	Y
D	E	Z	E	M	B	E	R	E	B	O	T	K	O	E	P
D	B	D	D	A	G	T	M	G	I	L	S	F	U	N	L
D	M	S	N	J	A	N	U	A	R	W	U	U	M	D	Q
E	E	K	I	N	B	T	P	L	C	F	G	U	W	E	T
B	T	R	É	M	O	H	X	G	O	V	U	K	V	R	P
P	P	Z	M	L	Ë	S	A	N	V	A	A	T	W	B	H
D	E	E	M	I	K	T	R	E	O	J	U	N	I	Y	K
V	S	N	R	V	G	S	T	W	K	V	E	U	L	C	M
A	B	R	Ë	L	L	D	P	W	H	Z	E	O	U	X	T
J	C	R	L	T	T	L	E	U	O	P	K	M	J	R	W
S	R	B	N	H	U	Z	Q	Y	H	C	O	W	B	U	X
S	Z	Q	F	F	E	B	R	U	A	R	H	K	D	E	Q
F	R	E	I	D	E	G	I	J	V	L	X	S	D	T	R

AUGUST
JOER
ABRËLL
KALENDER
DEZEMBER
SONNDE
FEBRUAR
JANUAR
JUNI
JULI

MÉINDEG
DËNSCHDEG
MËTTWOCH
MOUNT
NOVEMBER
OKTOBER
SAMSCHDEG
SEPTEMBER
WOCH
FREIDEG

22 - Casa

A	Z	W	Z	P	Q	F	D	P	S	R	P	A	I	U	D
L	G	Z	X	P	H	V	A	J	R	P	A	I	V	R	I
I	B	A	N	N	K	E	C	R	S	V	I	E	V	C	E
S	P	A	W	E	C	K	H	C	A	D	H	E	O	D	R
G	D	B	S	S	U	C	B	L	X	R	I	K	G	R	W
A	E	F	I	E	N	A	O	Z	L	E	Z	L	R	E	P
R	C	J	X	B	X	T	D	G	A	R	A	G	E	K	L
D	K	P	C	M	L	S	E	D	O	U	S	C	H	O	F
E	E	P	M	A	L	I	N	Z	F	H	Z	P	U	C	Ë
N	N	K	A	M	I	N	O	N	D	E	J	O	E	H	N
P	M	A	U	E	R	W	R	T	P	D	N	S	T	N	S
S	U	M	M	E	R	G	N	R	E	J	A	Z	T	I	T
W	A	S	S	E	R	H	A	H	N	K	B	J	K	S	E
D	Y	U	Y	O	I	D	C	G	Y	W	O	J	G	C	R
I	D	W	B	C	O	U	M	D	N	F	Z	Y	D	H	E
L	Z	H	H	O	W	W	X	U	J	V	A	G	B	E	W

DACHBODEN
BIBLIOTEK
SUMMER
KAMIN
KOCHNISCHE
DOUSCH
FËNSTER
GARAGE
GARDEN
LAMPE
MAUER
STACK
DIER
FENZ
WASSERHAHN
BESEN
DECKEN
SPIEGEL
SPAWECK
DACH

23 - Fantascienza

I	G	O	R	A	K	E	L	Y	C	I	S	Y	F	G	X
N	L	A	Q	P	B	Y	M	R	R	M	J	L	A	E	F
S	N	L	L	C	Z	M	L	W	N	A	D	T	N	H	O
D	V	K	U	A	O	G	V	Y	Q	G	Z	E	T	E	X
Z	H	Y	O	S	X	I	N	T	I	I	R	C	A	I	W
J	C	U	W	K	I	Y	C	N	T	N	G	H	S	M	J
A	S	P	Z	E	T	O	N	H	T	Ä	N	N	T	N	A
W	I	O	M	E	I	N	U	H	E	R	K	O	I	I	H
A	T	O	M	I	C	I	O	N	N	R	H	L	S	S	M
D	S	M	E	P	Z	K	I	R	A	I	N	O	K	V	K
I	I	V	R	O	N	I	S	D	L	F	Y	G	B	O	Q
I	R	J	T	T	W	W	O	Q	P	Z	Y	I	J	L	Q
P	U	S	X	S	E	D	L	F	Z	E	X	E	A	L	Q
D	T	T	E	Y	L	P	P	R	O	B	O	T	E	R	S
S	U	K	D	D	T	X	X	U	T	O	P	I	E	D	U
T	F	I	S	L	G	T	E	J	W	E	L	D	H	W	B

ATOMIC
KINO
DYSTOPIE
EXPLOSIOUN
EXTREM
FANTASTISK
FIR
FUTURISTISCH
GALAXY
ILLUSIOUN
IMAGINÄR
CHERN
GEHEIMNISVOLL
WELT
ORAKEL
PLANET
ROBOTER
TECHNOLOGIE
UTOPIE

24 - Città

B	F	L	O	R	I	S	T	O	A	S	F	H	U	W	Y
S	Ä	E	H	D	W	B	N	W	Z	U	L	O	N	L	H
A	A	C	M	U	S	E	U	M	S	P	U	T	I	I	U
B	B	O	K	A	P	D	I	K	T	E	C	E	V	Z	M
P	T	H	N	E	Q	D	M	O	Q	R	H	L	E	G	G
G	N	E	A	O	R	Q	L	A	R	M	H	N	R	A	Z
J	E	H	B	H	D	E	G	R	L	A	A	K	S	L	G
Z	R	Z	O	O	D	Z	I	B	M	R	F	S	I	E	C
J	E	T	H	E	A	T	E	R	I	K	E	C	T	R	L
A	H	D	A	W	E	J	R	T	S	T	N	H	É	I	K
K	C	K	M	A	Q	I	P	A	T	H	L	O	I	E	I
B	I	B	L	I	O	T	E	K	A	K	B	U	T	W	N
D	Ä	K	L	I	N	I	K	J	D	M	A	L	E	H	O
B	P	O	H	S	K	O	O	B	I	N	G	B	L	M	R
P	S	P	H	R	W	L	K	K	O	B	R	P	E	C	K
S	G	N	B	Z	C	P	A	Z	N	J	Q	I	L	F	C

FLUCHHAFEN
BANK
BIBLIOTEK
KINO
KLINIK
APDIKT
FLORIST
GALERIE
HOTEL
BOOKSHOP
MAART
MUSEUM
SPÄICHEREN
BÄCKEREI
SCHOUL
STADION
SUPERMARKT
THEATER
UNIVERSITÉIT
ZOO

25 - Fattoria #1

B	H	U	K	A	G	K	D	X	R	E	I	S	H	S	D
W	I	O	Z	T	M	A	G	E	E	S	S	G	O	E	Ü
K	E	E	N	U	S	Z	T	M	X	V	F	V	N	E	N
P	H	D	N	I	M	B	X	E	R	V	U	E	D	D	G
J	J	R	X	E	G	H	K	D	X	K	S	S	I	S	E
D	Z	E	L	A	N	D	B	R	U	I	K	E	O	S	R
C	L	H	Q	S	C	H	W	Ä	I	N	A	L	Z	L	X
O	R	F	H	A	X	Z	W	V	U	T	W	O	F	S	S
F	O	A	M	P	H	Z	A	X	J	R	M	G	B	K	Z
E	U	Z	T	J	Ä	N	K	Y	W	I	T	Q	A	O	N
L	S	M	M	R	X	E	Q	D	A	X	A	C	A	M	U
D	O	Q	U	C	G	F	R	D	A	H	U	H	N	B	L
V	N	K	A	L	F	S	A	D	S	Y	J	X	M	N	O
A	L	M	D	H	L	Q	S	G	S	P	M	Z	W	Z	X
U	P	Q	P	U	D	G	U	B	E	C	Y	U	E	U	P
X	R	W	S	A	O	H	I	G	R	L	C	Y	P	D	V

WAASSER
LANDBRUIK
BIENE
ESEL
FELD
HOND
GEESS
PÄERD
DÜNGER
HEI
KAZ
HERDE
SCHWÄIN
HONIG
KUH
HUHN
FENZ
REIS
SEEDS
KALF

26 - Psicologia

T	H	M	R	B	B	F	H	W	D	A	R	U	V	D	P
F	V	A	E	E	E	M	O	T	I	O	N	E	N	I	E
Q	I	M	A	W	V	Y	Y	V	B	K	V	F	C	P	R
I	O	S	L	Ä	T	L	N	A	G	Ë	T	T	D	G	S
S	Q	S	I	E	L	H	C	S	I	N	I	L	K	N	O
E	I	V	T	R	Z	U	T	H	T	U	O	D	A	U	N
O	R	W	É	T	H	Y	H	P	R	O	B	L	E	M	A
V	N	W	I	U	K	Q	E	W	K	I	K	E	S	H	L
Y	E	B	T	N	S	J	R	S	O	T	A	H	T	E	I
F	E	R	E	G	P	U	A	A	N	A	N	R	Z	N	T
R	D	I	U	W	F	S	P	X	F	S	D	E	Q	R	É
S	I	V	H	W	U	S	I	P	L	N	H	P	H	H	I
T	X	I	P	D	Y	S	E	W	I	E	E	U	J	A	T
D	R	E	M	M	E	N	S	H	K	S	E	S	Z	W	A
V	E	R	H	A	L	E	O	T	T	J	T	K	F	N	N
M	F	E	Q	R	P	E	R	S	E	P	T	I	O	U	N

KLINISCH
WAHRNEHMUNG
VERHALE
KONFLIKT
SUPERHELD
EMOTIONEN
IDEEN
ONBEWUSST
KANDHEET
GËTT
PERSEPTIOUN
PERSONALITÉIT
PROBLEM
REALITÉIT
SENSATIOUN
DREMMEN
THERAPIE
BEWÄERTUNG

27 - Paesaggi

B	C	H	S	X	M	Y	V	C	X	N	D	T	V	Z	L
D	B	C	V	T	A	Z	H	L	H	S	E	N	W	Q	P
P	N	B	W	S	R	E	S	I	E	G	C	A	W	S	U
S	P	F	I	É	S	A	R	D	N	U	T	V	S	D	Y
O	X	C	L	E	I	H	N	H	I	L	L	H	U	V	I
J	D	P	L	O	R	Q	A	D	B	L	F	H	Z	M	E
H	K	N	A	L	O	G	E	F	O	M	S	Y	Z	N	O
A	F	J	D	L	A	Q	Z	L	R	L	F	Z	L	G	L
L	T	C	Y	F	B	M	O	O	I	W	Q	M	I	O	O
L	E	S	S	U	M	P	F	S	N	D	G	P	I	R	E
I	Q	T	R	X	D	S	X	G	S	Q	B	U	O	E	A
N	Q	E	O	A	S	Q	T	A	E	U	T	Y	T	I	R
N	A	K	L	U	V	Z	A	G	L	V	M	E	C	Z	Q
E	Y	C	O	D	W	Y	F	Y	D	F	K	P	U	A	Y
L	U	K	L	W	A	A	S	S	E	R	F	A	L	L	W
Q	I	W	O	D	E	L	C	A	Q	C	D	S	U	G	D

WAASSERFALL
HILL
STE
FLOS
GEISER
GLAZIER
HIEL
ROBIN
INSEL
SÉI
MIER
BIERG
OAS
OZEAN
SUMPF
HALLINNEL
STRAND
TUNDRA
DALL
VULKAN

28 - Energia

W	A	A	S	S	E	R	S	T	O	F	F	S	E	N	K
Z	G	W	I	R	D	L	C	K	Z	Y	H	H	R	U	H
K	U	E	L	E	S	T	O	F	F	T	Q	M	N	K	E
L	A	A	D	Z	F	Z	L	C	F	K	Ë	R	E	L	N
W	A	N	D	V	D	H	H	Y	K	O	D	H	U	Ä	T
E	L	E	K	T	R	O	N	I	Z	N	E	B	E	R	R
I	C	I	Ë	P	P	J	O	H	V	Y	F	L	R	H	O
R	O	T	O	M	D	P	T	C	C	E	M	M	B	Q	P
T	B	M	Q	A	W	Y	O	S	P	Q	Y	Z	A	G	I
S	T	A	Z	D	K	E	F	I	M	R	L	N	R	W	E
U	U	E	T	X	N	A	L	R	P	J	N	L	E	Q	A
D	R	X	R	T	F	F	O	T	S	N	N	E	R	B	L
N	B	U	A	Y	E	S	D	K	G	Q	I	Z	D	P	D
I	I	B	C	T	J	R	V	E	Q	P	Q	F	G	V	M
Y	N	M	Y	E	S	P	I	L	Q	T	B	B	D	K	N
D	I	E	S	E	L	Ö	L	E	V	X	Q	W	S	G	J

ËMWELT
BATTERIE
BENZIN
HËTZT
KUELESTOFF
BRENNSTOFF
DIESELÖL
ELEKTRISCH
ELEKTRON
ENTROPIE
FOTON
WAASSERSTOFF
INDUSTRIE
MOTOR
NUKLÄR
ERNEUERBAR
TURBIN
DAMP
WAND

29 - Ristorante #2

L	O	H	O	F	A	Y	A	D	S	D	M	Q	E	Z	Y
E	Q	W	H	I	W	Z	R	Q	B	S	W	L	T	A	P
S	I	Ä	G	S	I	É	M	E	G	K	A	B	P	P	B
C	D	S	H	C	R	C	B	G	F	S	T	P	C	B	P
H	R	S	A	H	A	Y	F	Y	K	A	E	W	T	L	Z
T	D	E	U	L	R	Z	E	N	C	L	R	N	B	B	J
M	N	I	J	Q	A	J	D	U	D	Z	G	S	Z	J	N
F	M	G	F	A	E	T	T	Ë	M	I	T	B	K	K	R
L	A	T	C	V	U	H	L	A	J	G	N	R	U	Q	L
A	A	H	U	V	N	C	X	S	T	G	E	E	E	H	Q
F	J	C	C	U	U	S	T	L	U	X	H	S	R	V	X
N	Z	U	O	U	V	Ë	T	T	E	H	C	S	R	O	F
X	H	U	W	K	Z	L	H	F	B	J	A	A	M	B	U
F	L	R	K	D	Q	O	V	Y	S	M	K	A	L	I	M
I	X	F	M	L	I	H	P	U	C	E	W	W	R	Q	C
M	J	L	Q	M	U	Q	Q	P	Q	A	G	G	C	U	Q

WAASSER
WATER
DINER
LËSCHT
LESCHT
FORSCHETT
FRUUCHT GIESS
ÄIS
SALAT
ZOPP
FISCH
MËTTE
SALZ
HL
RZEN
KACHEN
GEMÉIS

30 - Giardino

G	T	O	X	S	D	X	F	Y	H	O	X	T	G	V	K
Y	R	G	A	R	D	E	N	I	L	O	P	M	A	R	T
S	N	A	H	Ä	N	G	E	M	A	T	T	E	R	J	M
X	B	J	S	Y	W	B	K	A	M	P	Y	G	A	F	L
Q	I	M	S	W	W	L	A	B	U	S	E	S	G	U	I
D	Q	V	A	H	T	S	R	G	G	V	Y	O	E	Z	S
U	V	Z	R	B	E	N	G	T	S	C	H	O	U	L	G
R	X	R	R	X	G	X	Q	E	Y	S	M	Y	L	N	J
L	K	H	E	P	W	F	W	I	V	E	A	S	M	K	N
F	P	X	T	P	S	A	Q	C	R	P	P	P	V	C	D
J	I	S	B	U	F	W	C	H	S	C	H	A	U	C	H
G	L	O	R	E	F	E	E	J	G	N	R	L	T	O	D
C	T	B	U	S	C	H	N	I	L	W	K	P	F	U	F
N	Q	Z	E	A	Z	G	H	Z	D	B	L	O	E	M	Z
G	X	Q	P	Z	M	O	W	N	D	E	M	F	X	C	G
H	S	H	J	F	U	H	Z	Z	W	Z	R	H	A	C	W

BAM
HÄNGEMATTE
BUSCH
GRAS
WEIDER
BLOEM
GARAGE
GARDEN
SCHOUL
BENG
RAKE
FENZ
TEICH
TERRASS
TRAMPOLIN
SCHAUCH

31 - Riscaldamento Globale

A	T	S	N	W	G	R	M	E	D	K	V	K	D	I	C
E	R	V	P	C	E	E	L	N	A	M	B	V	D	N	H
H	L	K	E	M	H	G	I	E	T	L	M	V	A	D	I
L	R	I	T	T	K	E	N	R	E	U	H	N	S	U	W
F	E	J	O	I	Y	R	T	G	A	T	Ë	E	Q	S	I
H	G	L	T	Z	S	I	E	I	O	U	M	V	T	T	D
Z	N	H	B	U	S	N	R	E	H	T	W	T	D	R	V
T	U	L	R	D	A	G	N	H	O	Y	E	U	T	I	J
F	L	K	N	H	G	N	A	F	C	B	L	E	Q	E	L
W	K	K	U	N	V	J	T	E	L	O	T	Z	W	O	F
U	C	L	B	N	U	O	I	T	A	L	S	I	G	E	L
D	É	I	J	N	F	U	O	A	K	S	Z	I	Q	W	I
H	W	M	J	V	L	T	N	O	A	P	V	D	R	J	R
T	T	A	V	E	O	M	A	U	I	Y	Q	C	A	K	V
T	N	A	Q	J	N	J	L	X	S	E	P	N	K	H	A
P	E	W	G	E	N	E	R	A	T	I	O	U	N	E	D

ËMWELT
ARKTIS
KLIMA
KRIS
DATE
ENERGIE
ZUKUNFT
GASS
GENERATIOUNE
REGERING
INDUSTRIE
INTERNATIONAL
LEGISLATIOUN
ELO
ENTWÉCKLUNG

32 - Frutta

M	N	A	N	P	I	I	S	C	H	S	A	A	L	U	E
A	A	E	N	R	I	B	B	A	N	A	N	B	Y	C	B
N	Z	H	K	A	O	P	X	R	K	F	X	Y	R	H	Y
G	W	C	W	T	N	S	M	I	X	X	H	W	R	G	V
O	M	S	C	R	A	S	V	H	G	P	N	Z	E	K	J
D	R	R	Y	G	M	R	P	A	V	U	M	I	B	I	K
A	C	I	D	O	G	J	I	N	D	N	C	T	K	W	F
C	W	K	V	N	R	E	P	N	R	K	U	R	C	I	M
O	D	R	A	U	F	S	L	B	A	G	E	O	A	H	U
V	A	G	J	N	I	Y	I	E	P	W	Q	N	L	R	N
A	P	H	V	R	L	U	X	R	R	U	Q	E	B	E	I
R	E	M	U	A	L	F	P	R	I	D	R	G	M	I	M
S	L	X	Y	F	Y	B	Z	Y	K	O	W	N	W	B	A
Y	Q	A	A	Z	P	D	A	V	O	Q	Y	A	G	M	F
T	C	L	P	A	P	A	Y	A	S	R	Z	R	M	A	Q
Q	P	I	N	Z	C	V	V	O	E	E	R	O	B	H	E

APRIKOSE
ANANS
ORANGE
AVOCADO
BERRY
BANAN
KIRSCHE
KIWI
HAMBIER
ZITRONE
MANGO
APEL
MELOUN
BLACKBERRY
NEKTARIN
PAPAYA
BIRNE
PIISCH
PFLAUME
DRAUF

33 - Fattoria #2

G	S	D	M	O	K	L	L	J	U	D	W	E	E	S	S
Z	Q	F	M	O	C	H	A	R	U	É	P	T	O	I	G
Z	B	B	A	U	E	R	M	I	M	I	E	N	R	A	E
M	K	M	L	H	N	V	A	R	X	E	Y	E	C	M	M
F	Ë	S	A	L	C	U	C	R	Ä	R	E	G	H	M	É
O	J	L	G	B	E	S	E	I	W	M	N	P	A	S	I
M	G	I	L	Y	S	W	B	G	Q	Y	U	S	R	H	S
E	S	Z	C	E	I	K	L	A	Q	T	E	W	D	P	X
A	I	R	Y	O	C	X	E	T	G	M	H	D	U	M	J
T	S	O	I	K	O	H	Z	I	M	H	C	U	G	X	O
H	H	P	L	M	C	J	Q	O	E	A	S	I	X	X	J
T	I	L	K	N	U	E	C	U	R	O	T	K	A	R	T
Z	A	W	W	X	A	B	X	N	M	V	F	F	V	C	M
C	B	F	R	U	U	C	H	T	G	I	E	S	S	A	S
I	P	V	Q	R	Y	S	Y	D	A	R	E	Z	P	R	T
H	H	O	S	V	X	I	P	Q	K	T	R	B	B	M	I

LAMM
BAUER
ENTE
DÉIER
MAT
SCHEUNE
FRUUCHT GIESS
ORCHARD
WEESS
IRRIGATIOUN
LAMA
MËLLECH
MAIS
GERÄR
SCHAF
WIESE
TRAKTOR
GEMÉIS

34 - Verdure

D	B	P	V	I	L	O	O	X	J	S	T	S	S	U	A
C	E	X	S	N	H	C	S	I	D	A	R	C	E	F	N
F	E	A	T	G	O	R	Z	I	W	L	X	H	L	M	O
W	K	T	I	W	J	Q	T	Z	I	A	W	A	L	D	I
Q	C	N	J	E	E	W	E	R	L	T	T	L	E	Z	J
O	O	A	U	R	I	W	H	E	O	R	M	L	R	Q	Z
G	H	L	E	E	Y	K	Y	S	K	P	J	O	I	P	E
M	C	P	Z	P	W	R	A	B	K	K	P	T	E	E	K
K	S	G	Y	M	V	E	K	R	O	F	U	E	C	T	Ü
P	I	E	O	O	D	C	L	E	R	N	H	W	L	E	R
T	T	E	O	R	N	R	I	E	B	O	D	C	L	R	B
V	R	C	H	G	Y	F	J	L	K	Z	T	L	K	S	I
T	A	T	O	M	A	T	L	S	P	I	N	A	T	I	S
K	E	E	J	G	X	S	G	U	R	K	E	P	L	L	N
P	A	Y	M	X	B	V	J	Ë	N	N	E	R	N	I	Y
X	H	O	Y	L	X	T	E	X	N	C	V	C	I	E	D

KNUEWELEK
BROKKOLI
ARTISCHOCKE
KARROT
GURKE
ËNNER
SALAT
EEGPLANT
OLIV
GROMPER
ERBSE
TOMAT
PETERSILIE
TROPPEL
RADISCH
SCHALLOT
SELLERIE
SPINAT
INGWER
KÜRBIS

35 - Musica

O	B	A	L	L	A	D	E	R	Q	M	R	L	P	R	G
D	T	H	E	X	B	V	A	G	R	U	H	Y	O	R	V
I	N	S	T	R	U	M	E	N	T	S	Y	R	E	H	O
U	Z	C	N	V	S	R	T	Q	U	I	T	I	T	Y	K
J	N	J	Y	N	K	P	P	N	G	K	H	S	I	T	A
P	Z	R	G	B	U	W	B	H	L	E	M	C	S	H	L
H	A	R	M	O	N	I	E	G	P	R	I	H	K	M	X
W	K	U	F	L	L	Y	B	M	Z	Q	S	M	W	U	S
D	I	L	P	S	D	C	F	D	B	J	C	U	A	S	T
P	N	G	A	S	B	X	L	N	F	W	H	S	Z	R	E
E	O	L	E	S	E	K	T	H	H	U	N	I	S	T	C
S	M	X	E	O	S	N	B	J	D	L	A	K	J	X	K
E	R	X	Z	P	R	I	G	O	G	Z	U	A	D	A	E
N	A	D	V	E	H	Q	S	E	I	D	O	L	E	M	R
G	H	L	I	R	C	O	N	C	R	E	U	O	H	C	R
F	O	T	O	A	H	I	O	R	H	A	L	B	U	M	P

ALBUM
HARMONIE
HARMONIK
BALLADE
SENGER
SENG
KLASSISCH
CHOUER
LYRISCH
MELODIE
STECKER
MUSIKAL
MUSIKER
OPERA
POETISK
FOTO
RHYTHMISCH
RHYTHMUS
INSTRUMENT
VOKAL

36 - Barbecue

N	L	L	R	E	K	T	L	Ë	B	M	G	X	R	Y	H
G	G	A	J	I	F	Z	Q	N	J	W	O	M	K	B	E
K	U	T	O	P	K	U	B	N	L	M	L	H	G	Q	G
I	B	L	P	V	H	Y	B	E	U	K	L	M	R	E	E
S	U	M	M	E	R	U	W	R	E	N	I	D	A	Q	M
U	S	U	L	F	B	F	H	E	T	A	M	O	T	T	É
M	R	A	A	W	X	A	R	N	A	G	A	S	P	K	I
H	U	N	G	E	R	M	U	F	L	Z	F	Y	F	T	S
O	O	R	E	E	S	E	U	G	A	C	X	Y	G	L	O
B	C	S	T	V	R	E	F	N	S	L	E	K	A	T	W
A	T	H	T	S	S	E	I	G	T	H	C	U	U	R	F
D	F	R	Ë	C	D	U	N	B	N	G	B	Z	X	J	G
L	K	U	M	P	G	W	O	N	P	S	M	G	L	N	R
P	F	E	F	F	E	R	E	S	S	E	M	A	Z	S	I
V	S	V	S	A	L	Z	N	I	C	N	H	U	R	M	L
M	U	E	U	V	H	P	E	J	T	A	V	X	P	G	L

WAARM
DINER
MAT
ËNNER
MESSER
SUMMER
HUNGER
FAMILL
FRUUCHT GIESS
MVP
GRILL
SALATE
MUSIK
PFEFFER
HUHN
TOMATE
MËTTEG
SALZ
SOUS
GEMÉIS

37 - Insetti

B	B	H	K	T	A	Z	W	G	R	Y	L	B	D	D	B
U	K	P	E	A	E	K	C	Ü	M	G	I	I	H	É	L
E	X	H	T	N	Z	R	A	X	I	Z	B	E	H	I	A
P	R	W	Y	V	I	E	M	S	K	S	E	N	E	S	T
T	Ä	X	F	T	K	F	U	I	E	P	L	E	U	C	T
E	S	I	E	M	A	Ä	T	T	T	E	L	J	S	H	L
E	Z	S	P	T	D	K	Z	N	M	E	E	Y	C	L	A
P	W	H	O	E	E	X	O	A	R	R	M	B	H	E	U
A	T	J	H	O	R	H	Z	M	Y	L	F	B	R	C	S
E	K	M	J	T	S	L	O	E	S	A	Q	P	E	H	J
D	Z	Z	H	P	K	V	E	R	H	W	D	M	C	T	A
X	I	J	B	Y	V	K	E	K	A	U	O	H	K	N	T
L	A	R	V	E	J	S	O	K	S	R	A	X	E	U	K
W	E	S	P	E	O	Q	Y	P	T	M	B	L	D	S	R
G	B	S	A	P	Ä	I	P	E	R	L	E	K	F	W	P
K	A	K	E	R	L	A	K	E	M	K	D	Z	U	Y	O

BLATTLAUS
BIENE
HEUSCHRECKE
ZIKADE
DÉISCHLECHT
KÄFER
PÄIPERLEKS
PÄIPERLEK
AMEISE
LARVE
LIBELLE
MANTIS
FLAU
KAKERLAKE
TERMITE
WURM
WESPE
MÜCKE

38 - Fisica

T	R	S	R	E	I	S	G	V	I	M	U	T	U	X	L
Z	P	P	F	I	L	M	A	G	N	E	T	I	S	M	E
U	J	P	Y	L	J	E	B	J	G	T	H	É	E	R	P
M	N	Y	S	K	K	I	K	M	K	B	C	T	X	E	A
C	H	I	M	O	T	O	R	T	C	C	I	I	P	L	R
E	P	D	V	N	I	M	P	A	R	V	D	V	A	A	T
M	V	Z	N	E	U	Q	E	R	F	O	C	A	N	T	I
O	Z	W	E	E	R	G	J	C	L	Z	N	R	S	I	K
L	V	T	J	D	Ä	S	L	K	H	M	B	G	I	V	E
E	C	X	X	O	L	S	E	W	C	A	L	S	O	I	L
K	T	I	B	Z	K	A	O	L	W	X	N	G	U	T	F
U	L	G	Y	T	U	G	F	A	L	N	D	I	N	É	D
L	T	Y	V	R	N	C	H	A	O	S	I	V	K	I	Q
C	H	E	M	E	S	C	H	F	O	R	M	E	L	T	H
V	I	T	E	S	S	E	T	O	E	N	H	O	F	O	T
M	X	Y	W	Z	M	N	U	A	T	O	M	A	W	N	X

ZWEE
ATOM
CHAOS
CHEMESCH
DICHT
ELEKTRON
EXPANSIOUN
FORMEL
FREQUENZ
GASS
GRAVITÉIT
MAGNETISME
MECHANIK
MOLEKUL
MOTOR
NUKLÄR
PARTIKEL
RELATIVITÉIT
UNIVERSELL
VITESSE

39 - Agronomia

C	F	V	N	K	M	M	F	E	Ë	V	C	Z	J	A	V
S	E	E	D	S	D	P	F	N	M	N	A	V	A	X	T
N	E	S	B	R	T	N	X	E	W	G	N	M	L	J	F
E	D	F	X	X	Q	R	R	R	E	S	J	V	S	M	A
H	R	E	S	S	A	A	W	G	L	I	T	V	R	A	H
C	P	O	R	D	Y	J	Q	I	T	M	S	U	C	H	C
N	R	G	S	O	S	Z	R	E	G	N	Ü	D	D	C	S
A	O	E	K	I	U	R	B	D	N	A	L	I	Y	I	N
R	D	M	B	X	O	P	B	C	M	P	E	U	Z	L	E
K	U	É	Y	G	Z	U	L	M	A	T	H	P	D	D	S
I	K	I	H	C	S	I	N	A	G	R	O	I	F	N	S
G	T	S	E	P	P	J	G	R	N	Z	L	M	R	Ä	Ë
K	I	S	Z	S	D	O	G	Z	K	Z	B	U	K	L	W
V	O	T	J	H	C	G	Y	F	T	W	E	D	T	H	W
D	U	I	E	D	O	U	M	N	S	E	U	N	K	Q	E
P	N	D	Ö	K	O	L	O	G	I	E	K	U	E	Z	T

WAASSER
LANDBRUIK
ËMWELT
MAT
ÖKOLOGIE
ENERGIE
EROSIOUN
DÜNGER
KRANCHEN
ORGANISCH
PLANZEN
PRODUKTIOUN
LÄNDLICH
WËSSENSCHAFT
SEEDS
STUDIE
GEMÉIS

40 - Erboristeria

E	O	L	P	R	S	G	N	É	R	G	G	A	S	H	U
O	N	A	G	E	R	O	A	G	P	K	R	R	U	G	X
P	O	V	Y	Z	T	I	U	R	U	V	W	O	J	Q	A
L	G	E	P	N	B	E	B	O	D	P	H	M	P	G	U
K	A	N	U	I	P	M	R	Y	S	E	D	A	V	G	F
G	R	D	Z	M	S	I	S	S	O	R	N	T	K	O	A
O	T	E	A	I	M	H	X	N	I	O	E	I	N	K	D
Q	S	L	K	Z	W	T	T	I	T	L	W	S	U	U	I
O	E	V	A	N	Q	Q	A	R	L	M	I	K	E	L	L
F	E	N	C	H	E	L	S	A	M	E	N	E	W	I	L
B	A	S	I	L	I	K	U	M	B	A	U	P	E	N	Y
M	A	J	O	R	A	N	D	S	R	L	M	A	L	A	U
T	G	Q	M	X	M	C	H	O	C	K	O	O	E	R	Y
G	I	Z	P	W	W	J	C	R	S	Z	R	E	K	Y	O
A	N	O	Q	U	A	L	I	T	É	I	T	I	M	Q	B
S	A	F	I	E	N	T	A	L	I	Y	Y	V	S	N	T

KNUEWELEK
DILL
AROMATISK
BASILIKUM
KULINARY
ESTRAGON
FENCHELSAMEN
BLOEM
GARDEN
UM
LAVENDEL
MAJORAN
MINZE
OREGANO
PETERSILIE
QUALITÉIT
ROSMARIN
THIMEI
GRÉNG
SAFIENTAL

41 - Danza

C	H	O	R	E	O	G	R	A	P	H	I	E	T	N	R
D	G	D	D	Z	Y	I	X	L	W	X	Q	K	V	O	K
V	J	E	T	L	A	J	H	X	V	P	H	R	H	U	E
K	K	U	L	T	U	R	B	E	W	E	G	U	N	G	C
F	I	V	W	C	Z	W	K	L	A	S	S	I	S	C	H
K	R	E	N	T	R	A	P	M	U	S	I	K	K	E	A
R	R	Ë	R	K	U	L	T	U	R	E	L	L	O	M	C
Ä	U	H	S	P	X	G	P	Y	V	D	F	Q	N	O	A
I	P	O	Y	C	E	R	G	L	I	A	P	G	S	T	D
S	R	C	T	T	H	R	H	W	S	N	A	X	C	I	E
C	N	D	E	M	H	T	X	O	U	G	P	F	H	O	M
H	B	Z	R	R	Z	M	U	W	E	F	V	T	T	N	I
E	Y	H	E	S	F	C	U	I	L	N	E	Y	A	T	E
T	R	L	X	E	C	X	K	S	L	T	Q	J	E	U	T
T	R	A	D	I	T	I	O	N	E	L	L	X	U	O	Z
B	Z	B	E	J	L	P	Y	U	N	T	E	M	N	F	X

ACADEMIE
KONSCHT
KLASSISCH
PARTNER
CHOREOGRAPHIE
KIERPER
KULTUR
KULTURELL
EMOTION
KRÄISCHE
FRËSCHT
GNADE
BEWEGUNG
MUSIK
RHYTHMUS
TRADITIONELL
VISUELL

42 - Biologia

N	N	Q	N	Q	K	G	Q	X	D	H	O	T	W	U	N
W	J	W	N	U	O	I	T	A	T	U	M	C	O	W	A
L	L	R	U	J	L	I	T	P	E	R	K	U	O	O	T
P	A	N	Y	S	L	A	X	E	Z	L	K	Y	G	G	U
O	R	S	N	F	A	Q	M	L	A	B	C	P	L	S	R
N	S	O	C	X	G	Z	I	L	N	U	U	F	I	S	E
U	E	H	T	B	E	E	O	E	E	M	B	R	Y	O	L
O	C	R	K	E	N	H	F	Z	I	F	N	W	H	M	L
I	B	N	V	N	I	B	G	N	R	M	X	Z	Y	S	L
T	C	E	Y	E	O	N	E	E	E	E	O	L	S	O	S
U	H	O	R	M	O	N	T	V	T	N	Z	T	X	Q	A
L	P	V	T	H	M	V	R	R	K	Z	E	Z	A	X	R
O	D	É	I	E	R	Y	E	E	A	Y	L	D	P	N	H
V	R	W	R	K	K	P	N	N	B	M	L	A	Q	V	A
E	S	E	S	E	H	T	N	Y	S	O	T	O	F	D	C
C	T	I	T	O	W	O	T	S	Y	M	B	I	O	S	E

ANATOMIE
BAKTERIEN
ZELL
KOLLAGEN
OFGETRENNT
EMBRYO
ENZYM
EVOLUTIOUN
FOTOSYNTHESE
DÉIER
MUTATIOUN
NATURELL
NERV
NERVENZELLE
HORMON
OSMOS
PROTEIN
REPTIL
SYMBIOSE
SYNAP

43 - Attività Commerciale

K	N	B	W	O	V	E	D	X	A	S	I	D	H	W	Z
E	O	G	T	F	V	C	N	L	O	M	H	W	V	Ä	W
I	I	S	M	F	R	S	O	T	W	I	B	M	Z	H	W
R	T	E	T	I	M	E	I	E	R	E	B	M	E	R	Y
B	K	M	H	C	X	R	T	G	L	E	V	P	B	U	E
A	A	M	Z	E	D	E	I	D	K	D	P	Z	P	N	G
F	S	O	V	P	M	E	T	U	G	M	L	R	D	G	M
A	N	K	V	B	Z	B	S	B	E	V	Y	M	I	U	V
K	A	A	H	G	U	N	E	K	R	T	N	O	D	S	C
R	R	H	K	N	A	D	V	D	È	B	T	P	G	A	E
E	T	Q	H	N	S	Y	N	C	I	A	G	A	S	D	N
V	W	M	V	Z	U	B	I	Z	R	U	M	B	B	J	J
K	E	M	P	L	O	Y	E	U	R	X	H	Y	I	A	P
F	I	N	A	N	Z	E	N	U	A	A	U	W	U	E	R
G	E	W	Ë	N	N	G	E	S	C	H	Ä	F	T	U	R
C	U	R	P	Q	E	K	O	N	O	M	I	K	Y	S	I

BUDGET
CARRIÈRE
KOST
EMPLOYEUR
EMBER
EKONOMIK
FABRIEK
FINANZEN
INVESTITION
WUER
GESCHÄFT
GEWËNN
AKOMMES
RABATT
ENTREPRISE
SUE
TRANSAKTION
OFFICE
WÄHRUNG
VERKAF

44 - Fiori

U	V	X	L	X	M	E	L	B	E	N	N	O	S	C	Z
C	D	U	I	E	P	A	Z	E	E	D	I	H	C	R	O
Z	D	B	L	K	F	S	G	G	L	H	M	G	B	S	E
V	T	U	I	G	I	B	R	N	K	N	S	G	L	W	F
W	H	D	E	A	N	C	V	Z	O	G	A	E	U	J	U
O	C	W	A	R	G	E	U	Z	N	L	J	T	M	O	L
X	W	V	A	D	S	T	U	L	I	P	I	T	E	Y	I
L	W	K	Y	E	T	B	W	I	U	Y	T	E	N	U	B
U	A	S	F	N	R	R	K	D	J	R	C	L	S	U	I
H	A	V	L	I	O	M	R	B	U	T	Z	O	T	H	J
T	Z	L	E	E	S	S	X	C	D	G	J	I	R	Y	D
N	H	A	Z	N	E	W	W	Q	M	D	Y	V	A	K	A
B	O	A	L	L	D	F	P	E	Z	O	Y	L	U	L	I
H	Q	T	Q	G	P	E	I	N	M	T	H	D	S	X	S
E	Y	U	I	C	B	K	L	X	P	Z	Q	N	S	K	Y
T	A	V	Y	X	Q	Q	H	I	B	I	S	K	U	S	Z

WENZAHN
GARDENIE
JASMIN
LILIE
SONNEBLEM
HIBISKUS
LAVENDEL
VIOLETTE
MAGNOLIE
DAISY
BLUMENSTRAUSS
ORCHIDEE
MOHN
PFINGSTROSE
KLEE
TULIP

45 - Discipline Scientifiche

I	M	M	U	N	O	L	O	G	I	E	N	R	K	B	T
T	J	X	O	F	X	G	C	K	C	Y	B	T	D	O	E
K	E	I	G	O	L	O	E	H	C	R	A	R	I	T	I
B	N	E	I	G	O	L	A	R	E	N	I	M	F	A	G
N	E	U	R	O	L	O	G	I	E	M	Y	W	V	N	O
E	I	B	K	I	T	S	I	U	G	N	I	L	Z	I	L
I	M	E	I	G	O	L	O	R	O	E	T	E	M	E	O
G	O	I	B	O	P	F	Z	M	E	C	H	A	N	I	K
O	N	G	V	I	C	Z	O	O	L	O	G	I	E	O	Ö
L	O	O	D	C	O	H	V	H	G	F	K	M	K	V	R
O	R	L	E	O	K	L	E	I	M	O	T	A	N	A	X
H	T	O	C	E	V	L	O	M	E	M	K	G	Q	X	T
C	S	E	L	Y	C	R	A	G	I	P	W	R	L	A	O
Y	A	G	P	J	B	A	P	T	I	E	J	O	C	V	D
S	O	C	I	O	L	O	G	I	E	E	G	M	F	H	K
P	H	Y	S	I	O	L	O	G	I	E	D	R	R	U	V

ANATOMIE
ARCHEOLOGIE
ASTRONOMIE
BIOCHEMIE
BIOLOGIE
BOTANIE
CHEMIE
ÖKOLOGIE
PHYSIOLOGIE
GEOLOGIE
IMMUNOLOGIE
LINGUISTIK
MECHANIK
METEOROLOGIE
MINERALOGIE
NEUROLOGIE
PSYCHOLOGIE
SOCIOLOGIE
ZOOLOGIE

46 - Scienza

D	L	X	S	C	T	N	E	M	I	R	E	P	X	E	G
D	E	E	S	C	E	X	X	A	E	S	D	L	E	R	R
E	V	O	L	U	T	I	O	U	N	T	K	A	F	A	A
L	A	B	O	R	A	T	O	I	R	E	H	F	E	K	V
V	Y	F	P	T	V	V	T	Y	H	O	T	O	C	S	I
H	A	A	P	T	S	Ä	C	H	L	E	C	H	D	B	T
A	M	M	O	L	E	K	U	L	E	N	C	F	J	E	É
T	I	R	N	A	T	U	R	A	V	O	H	M	C	Z	I
O	L	K	K	H	Y	P	O	T	H	E	S	U	W	R	T
M	K	F	T	I	T	S	D	Z	M	P	Z	D	A	T	E
C	H	E	M	E	S	C	H	N	I	L	L	G	C	I	R
M	A	B	V	M	R	Y	P	O	N	A	N	C	Z	U	S
N	Z	K	H	T	N	S	H	S	E	N	X	W	A	X	F
P	A	R	T	I	K	E	L	P	R	Z	L	F	S	P	V
X	K	C	G	C	P	P	X	P	A	E	G	F	L	B	H
E	M	I	Q	P	X	M	B	J	L	N	I	L	N	B	G

ATOM
CHEMESCH
KLIMA
DATE
EXPERIMENT
EVOLUTIOUN
FAKT
PHYSIK
HAAPTSÄCHLECH
GRAVITÉIT
HYPOTHES
LABORATOIRE
METHODE
MINERAL
MOLEKULEN
NATUR
PARTIKEL
PLANZEN

47 - Acqua

N	U	O	I	T	A	G	I	R	R	I	D	V	V	T	U
G	E	I	S	E	R	U	É	F	L	O	S	N	E	E	R
P	E	R	W	O	U	G	S	C	P	P	V	A	R	E	D
K	D	G	E	M	M	R	I	U	D	M	S	E	D	K	U
R	K	N	G	T	W	V	Ä	I	J	A	M	Z	U	G	M
W	N	V	S	Y	H	C	S	U	O	D	S	O	N	E	T
S	O	G	C	C	F	C	W	E	L	L	E	N	S	T	G
O	F	A	M	S	H	B	E	W	K	X	A	A	T	H	O
K	A	N	A	L	A	N	P	U	M	C	N	C	U	C	T
J	M	O	N	S	U	N	É	C	D	E	A	I	N	I	B
Y	J	L	S	U	I	I	K	I	M	C	T	R	G	I	C
P	H	N	L	O	M	A	C	S	W	R	V	R	D	F	I
B	K	W	W	Q	M	N	U	X	P	O	Q	U	K	R	B
F	F	R	B	T	Q	H	A	W	B	Q	Z	H	O	Z	M
V	P	O	J	M	K	S	H	C	X	U	S	O	K	D	O
V	Z	N	W	Y	Q	P	E	V	P	K	A	F	Q	O	R

KANAL
DOUSCH
VERDUNSTUNG
FLOS
DUECHTEREN
GEISER
ÄIS
IRRIGATIOUN
SÉI
MONSUN
SCHNÉI
OZEAN
WELLEN
REEN
FIICHTEGKEET
HURRICAN
DAMP

48 - Boxe

T	F	P	Ö	H	C	S	R	E	I	L	Q	N	H	D	Q
G	C	U	O	V	Y	O	T	P	P	V	L	E	W	Q	D
É	J	U	S	F	G	L	K	A	O	N	F	O	R	L	E
I	Q	I	B	T	S	H	A	N	D	S	C	H	U	H	X
G	H	P	A	S	X	U	A	N	Y	U	C	T	D	F	Y
N	S	R	C	Y	I	H	Q	L	L	L	V	K	Ë	N	N
E	M	D	O	N	K	R	T	U	G	G	W	C	Z	I	Y
R	R	E	K	L	F	K	Y	I	D	I	O	I	E	E	T
S	E	B	Y	I	A	M	M	D	U	R	Y	K	W	L	D
G	F	E	D	O	E	R	F	O	K	U	S	E	D	E	Q
O	P	S	H	J	K	R	B	P	L	J	U	C	Y	B	E
P	M	O	A	L	T	J	P	I	B	V	H	K	U	O	B
F	Ä	E	G	K	E	E	T	E	T	F	A	R	K	U	E
H	K	F	E	I	E	P	U	K	R	T	C	S	I	Z	L
E	R	H	U	E	L	U	N	G	W	G	E	S	Y	G	L
N	D	E	E	G	J	N	M	V	D	V	M	R	X	F	D

FÄEGKEET
ECK
ARBITTER
GÉIGNER
KICK
BELL
KÄMPFER
KIERPER
ERSCHÖPFT
KRAFT
FOKUS
IELEBOU
HANDSCHUH
KËNN
FUST
ERHUELUNG

49 - Imbarcazioni

U	O	W	R	V	Q	R	F	C	M	J	X	B	F	N	H
U	T	E	U	B	U	K	L	Z	R	O	V	F	G	A	Y
J	H	L	L	H	A	T	U	A	E	E	T	H	T	U	S
I	C	L	A	L	Q	C	T	A	I	G	W	O	T	T	U
K	A	E	Y	N	H	P	S	A	M	R	P	E	R	I	W
L	Y	N	N	A	K	F	A	O	A	R	M	S	H	S	X
A	T	M	F	E	L	E	M	V	G	Z	P	J	L	C	O
G	N	U	F	Z	Z	Q	R	H	I	X	O	W	J	H	U
P	A	E	L	O	B	E	V	Ë	L	K	E	R	U	N	G
L	T	T	O	O	B	L	E	G	E	S	D	E	E	R	X
P	I	É	S	S	H	C	H	D	E	V	G	X	T	H	O
C	L	O	F	U	X	F	K	N	S	H	P	X	L	L	S
H	I	B	I	V	Q	M	A	A	H	E	V	B	T	M	V
F	M	W	I	I	Z	E	Y	K	R	U	Q	Q	Z	O	I
Q	R	L	Q	V	O	Q	A	J	K	V	U	U	R	V	J
D	X	O	R	R	R	B	K	I	J	Y	B	G	A	K	V

MAST
ANKER
SEGELBOOT
BUET
KANN
SEEL
CREW
FLOS
KAYAK
SÉI
MIER
FLUT
MILITANT
MOTOR
NAUTISCH
OZEAN
WELLEN
BEVËLKERUNG
YACHT
DEE

50 - Chimica

E	Z	Z	U	G	V	V	O	A	F	Y	M	F	H	A	U
H	C	G	T	H	C	S	Ë	L	F	M	D	F	Ë	F	Y
C	K	E	U	O	A	L	W	K	S	F	T	O	T	T	M
H	Z	K	J	C	T	B	Q	A	M	F	B	T	Z	W	A
C	W	J	M	D	H	G	J	L	Y	O	G	S	T	B	P
S	S	A	G	M	C	P	K	I	R	T	L	R	L	Y	D
I	A	K	N	F	I	Z	S	S	D	S	R	E	I	A	S
N	X	L	A	R	W	O	O	C	B	R	O	U	K	Q	L
A	M	Y	Z	N	E	M	N	H	J	E	L	A	T	U	Y
G	R	N	P	C	G	L	N	E	Z	S	H	S	P	A	L
R	Ä	L	K	U	N	E	X	X	N	S	C	Y	S	T	Z
O	M	P	R	O	T	A	S	Y	L	A	T	A	K	O	P
E	L	E	K	T	R	O	N	B	H	A	B	E	M	M	K
K	U	E	L	E	S	T	O	F	F	W	S	D	O	I	B
T	E	M	P	E	R	A	T	U	R	K	S	L	A	C	E
C	I	A	T	D	L	H	A	P	C	B	X	Q	K	V	P

SAIER
ALKALISCH
ATOMIC
HËTZT
KUELESTOFF
KATALYSATOR
CHLOR
ELEKTRON
ENZYM
GASS
WAASSERSTOFF
IONEN
FLËSCHT
MOLEKUL
NUKLÄR
ORGANISCH
SAUERSTOFF
GEWICHT
SALZ
TEMPERATUR

51 - Api

Y	F	J	Q	T	O	Z	H	S	S	M	P	M	D	F	N
P	W	M	G	T	C	E	O	V	O	T	L	R	A	G	A
L	P	M	T	I	F	V	N	W	N	W	A	A	X	T	U
P	Y	R	H	A	X	H	I	T	N	C	N	W	A	C	D
W	I	N	G	S	F	L	G	K	G	O	Z	H	P	G	B
B	E	N	E	F	I	Z	I	E	L	L	E	C	K	X	I
R	R	F	P	W	É	X	W	S	N	P	N	S	W	T	Y
K	E	O	S	S	L	P	O	N	Z	C	O	W	H	U	G
O	H	O	K	E	B	X	J	I	G	Z	O	L	O	D	Q
J	C	F	V	N	E	D	R	A	G	P	Y	C	L	V	M
Q	U	E	E	N	E	M	M	U	L	B	R	B	P	E	H
M	A	A	Q	Z	E	N	B	J	G	C	M	V	Y	E	N
I	F	Q	Y	Q	V	M	E	T	S	Y	S	O	K	Ö	N
I	S	E	J	T	I	É	T	I	S	R	E	V	I	D	W
I	Z	R	Q	Z	N	N	Z	E	B	C	P	X	F	U	Q
F	R	U	U	C	H	T	G	I	E	S	S	H	C	A	W

WINGS
BIENENKORB
BENEFIZIELL
WACHS
MAT
DIVERSITÉIT
ÖKOSYSTEM
BLUMMEN
BLÉI
FRUUCHT GIESS
FAUCH
GARDEN
INSEKT
HONIG
PLANZEN
POLLEN
QUEEN
SCHWARM
SONN

52 - Strumenti Musicali

M	P	P	S	D	A	R	H	T	P	T	A	D	R	U	M
A	S	E	I	I	Z	O	A	R	Y	K	X	G	A	T	O
N	A	C	R	A	E	R	R	O	O	B	O	E	T	G	Q
D	X	E	B	K	N	A	F	M	G	Y	T	I	I	E	G
O	O	L	C	V	U	O	E	P	A	J	T	H	G	Z	B
L	P	L	K	V	G	S	U	E	G	D	A	T	U	J	A
I	H	O	D	Q	G	D	S	T	K	R	U	H	L	X	S
N	O	E	X	C	O	S	N	I	R	U	B	M	A	T	S
E	N	M	T	Z	N	I	B	X	O	I	F	W	G	R	P
O	C	F	B	V	G	Y	G	B	K	N	P	J	Y	Z	O
K	L	A	R	I	N	E	T	T	T	U	W	N	S	P	S
F	P	N	E	B	U	A	R	H	C	S	L	H	O	H	A
K	L	D	X	F	T	F	B	Z	I	S	M	F	Y	Q	U
H	K	M	N	M	A	R	I	M	B	A	S	I	W	P	N
B	I	Y	V	T	E	I	Q	K	C	B	Z	J	Z	S	E
N	Y	Y	Z	D	I	P	L	M	D	N	N	F	G	S	X

HARFE
HOHLSCHRAUBEN
GITAR
KLARINETT
BASSUN
FL
GONG
MANDOLINE
MARIMBAS
OBOE
PERKUSSION
PIANO
SAXOPHON
TAMBURIN
DRUM
TROMPET
BASSPOSAUNE
GEI
CELLO

53 - Professioni #2

I	P	K	C	F	N	H	R	E	Z	J	Z	Z	J	F	A
L	B	B	S	O	P	P	W	R	A	R	X	U	O	U	P
L	H	I	D	T	K	O	I	F	H	C	M	U	U	E	T
U	G	G	Q	O	K	S	H	I	N	H	T	S	R	R	J
S	J	T	E	G	Z	O	W	N	A	I	V	E	N	S	T
T	T	G	N	R	K	L	Q	D	R	R	D	L	A	C	I
R	G	L	Q	A	T	I	B	E	Z	U	V	D	L	H	N
A	A	X	U	F	Z	H	É	R	T	R	M	E	I	E	G
T	H	L	E	M	Q	P	D	H	H	G	A	N	S	R	E
E	Q	U	T	U	A	N	O	R	T	S	A	G	T	Q	N
U	H	D	E	B	B	I	C	E	O	O	V	P	O	Q	I
R	M	A	L	E	R	R	S	N	L	F	I	C	M	I	E
B	I	O	L	O	G	E	A	T	I	J	J	L	V	C	U
V	N	I	R	N	Z	I	M	R	P	L	T	U	B	T	R
D	O	K	T	E	R	É	V	Ä	I	C	G	S	Q	I	L
E	B	J	U	C	U	L	T	G	O	L	O	O	Z	E	B

ASTRONAUT
BIBLIOTHÉIK
BIOLOG
CHIRURG
ZAHNARZT
PHILOSOPH.
FOTOGRAF
GÄRTNER
JOURNALIST
ILLUSTRATEUR
INGENIEUR
LÉIERIN
ERFINDER
ENQUETE
ZU USELDENG
DOKTER
PILOT
MALER
FUERSCHER
ZOOLOG

54 - Letteratura

B	V	A	F	T	S	L	P	F	G	Q	T	V	V	P	G
I	F	N	Y	R	P	D	K	V	L	O	W	E	E	O	E
O	I	A	Q	A	Q	S	U	M	H	T	Y	H	R	E	D
G	K	L	A	G	A	S	M	U	Y	L	H	Z	G	T	I
R	T	O	N	E	S	P	S	T	C	J	L	P	L	I	C
A	I	G	S	D	N	K	Q	N	A	M	O	R	E	S	H
P	O	I	D	I	R	Q	E	N	F	N	E	F	C	K	H
H	N	E	L	E	H	Q	X	N	I	F	A	N	H	A	C
I	S	D	I	A	L	O	G	X	B	G	D	L	I	U	E
E	A	C	T	Y	M	I	E	R	Q	F	N	S	Y	N	I
D	B	A	S	S	R	E	H	P	A	T	E	M	A	S	G
G	N	U	W	I	E	R	H	C	S	E	B	X	U	P	G
A	N	E	K	D	O	T	H	T	I	Z	A	F	T	J	U
U	J	S	Z	T	Q	Z	J	M	U	H	L	W	E	G	O
K	Q	P	G	F	A	M	V	U	C	S	T	N	U	V	Y
K	C	C	E	F	I	T	E	I	Q	Z	A	T	R	R	R

ANALYS
ANALOGIE
ANEKDOT
AUTEUR
BIOGRAPHIE
FAZIT
VERGLECH
BESCHREIWUNG
DIALOG
FIKTION
METAPHER
MENING
GEDICH
POETISK
REIM
RHYTHMUS
ROMAN
STIL
THEMA
TRAGEDIE

55 - Cibo #2

T	C	T	U	O	R	B	J	S	S	E	E	W	M	N	X
T	O	M	A	T	E	S	A	L	C	C	U	T	Z	V	H
N	K	V	F	R	I	E	I	N	Q	H	C	S	I	F	R
A	P	Q	U	U	S	L	D	D	A	D	I	O	R	D	M
L	E	P	A	H	I	L	E	E	G	N	W	N	V	Y	B
P	P	H	R	G	Ä	E	K	H	D	H	I	A	K	F	P
G	T	O	D	O	K	R	Z	C	M	U	K	K	W	E	D
E	R	A	S	Y	P	I	B	S	H	H	F	H	D	O	N
E	F	Z	R	Y	W	E	J	R	H	M	M	Q	X	B	T
Y	K	L	U	U	F	S	O	I	L	O	K	K	O	R	B
J	R	Y	Q	M	E	M	P	K	Y	M	G	V	W	Y	M
B	E	V	N	S	T	U	Q	A	X	J	X	W	B	L	C
S	C	H	O	C	K	E	L	A	R	Z	F	U	U	X	K
V	E	R	J	V	Z	D	A	U	O	G	I	Y	U	K	E
M	E	Z	D	B	F	F	M	V	R	H	E	O	J	O	D
N	X	I	V	J	Q	D	D	M	D	M	Q	L	Y	B	J

SPARGEL
BANAN
BROKKOLI
KIRSCHE
SCHOCKELA
KÄIS
WEESS
KIWI
APEL
EEGPLANT
BROUT
FISCH
HUHN
TOMAT
SCHINKEN
REIS
SELLERIE
EEG
DRAUF
YOGHURT

56 - Nutrizione

R	P	Y	R	H	C	S	Z	G	Q	V	N	Q	E	S	V
G	E	W	I	C	H	T	O	N	I	X	O	T	S	S	I
U	R	E	B	Z	T	M	Y	U	W	Z	T	I	S	I	T
A	I	G	I	J	É	D	G	U	S	H	P	É	B	G	A
P	R	O	T	E	I	N	Q	A	Z	P	B	T	A	K	M
E	K	W	I	T	D	O	N	D	E	M	O	I	R	E	I
H	Z	E	T	A	M	S	U	R	M	E	K	L	W	I	N
H	J	G	E	R	Y	E	D	E	Q	T	S	A	P	T	B
K	L	S	P	D	I	G	M	V	V	Q	B	U	Z	E	E
U	S	U	P	Y	J	Z	Ä	O	M	S	C	Q	Z	N	N
V	M	A	A	H	N	E	I	R	O	L	A	K	C	O	H
T	A	O	B	L	E	G	R	G	U	Z	V	E	C	V	P
K	I	E	S	O	Z	E	N	E	S	N	F	D	D	C	O
L	E	L	E	K	R	F	C	K	M	J	G	M	X	A	C
N	Ä	H	R	S	T	O	F	F	S	Y	K	R	I	A	W
B	M	D	Q	G	G	E	S	O	N	D	H	E	E	T	K

JEREMY
APPETIT
AUSGEWOGE
KALORIEN
KOLHYDRATE
ESSBAR
DIÉT
VERDAUUNG
GÄRUNG
SSIGKEITEN

NÄHRSTOFF
GEWICHT
PROTEIN
QUALITÉIT
SOUS
GESONDHEET
GESOND
RZEN
TOXIN
VITAMIN

57 - Bagno

W	Q	K	W	L	T	R	V	S	V	Y	A	H	K	U	S
A	B	L	A	D	Y	R	Q	J	C	W	E	W	Q	D	P
S	I	T	A	R	F	Z	T	M	S	H	X	M	Y	D	I
S	K	H	S	L	E	B	B	U	B	C	W	D	Z	C	E
E	T	C	S	H	E	H	F	F	N	Q	H	A	M	E	G
R	X	U	E	O	S	H	W	R	D	N	I	E	M	W	E
H	I	D	R	W	U	U	C	A	X	P	T	O	R	Z	L
A	Y	D	A	B	A	Z	D	P	M	A	D	J	X	E	V
H	N	N	I	C	M	P	Y	L	X	Y	S	Y	G	R	S
N	Z	A	X	G	E	B	S	I	Q	V	I	T	O	X	V
O	I	H	P	D	T	I	H	I	T	D	V	J	R	N	J
I	B	P	J	J	Y	E	P	U	H	O	Q	H	Q	F	R
T	U	A	C	A	L	L	F	N	E	U	P	P	X	F	S
O	O	P	M	A	H	S	N	P	T	S	X	V	V	M	J
L	L	S	I	M	E	P	E	N	K	C	I	S	K	P	T
Q	W	T	B	Y	R	F	L	L	I	H	F	B	R	N	B

WAASSER
HANDDUCH
BAD
BUBBELS
DOUSCH
SCHERE
WC
LOTION
PARFUM
WASSERHAHN
SEEF
SHAMPOO
SPIEGEL
SCHWAMZ
SPAWECK
DAMP

58 - Meditazione

F	E	D	T	L	W	G	O	O	U	Z	J	B	W	N	O
V	R	T	A	H	W	Ë	M	V	L	E	N	P	B	U	A
G	E	I	S	N	O	T	T	R	E	K	K	A	W	K	E
P	I	É	D	H	K	T	E	L	L	I	T	S	T	H	U
E	É	T	B	D	N	B	M	B	J	M	R	O	Q	U	V
R	L	I	Z	R	E	I	A	M	U	S	I	K	Q	A	R
S	A	R	Q	E	L	U	I	R	M	K	L	D	G	L	D
P	Z	A	J	A	E	B	F	G	K	N	U	I	N	K	O
E	Q	L	B	L	U	N	I	S	Z	E	G	E	U	O	R
K	N	K	O	G	H	J	K	N	G	N	I	O	G	R	W
T	L	N	O	L	N	W	L	T	F	O	T	T	E	X	F
I	K	L	T	W	U	A	Y	M	K	I	S	T	W	K	E
V	Q	U	H	T	X	T	B	L	G	T	I	W	E	T	V
J	S	X	M	N	P	L	G	H	N	O	E	W	B	S	B
M	I	T	G	E	F	Ü	H	L	J	M	G	W	J	I	T
G	E	E	S	C	H	T	P	J	Z	E	V	Z	L	C	G

UNHUELE
ROUEG
KLARITÉIT
MITGEFÜHL
EMOTIONEN
GËTT
DANKBARKEIT
LÉIER
GEISTIG
GEESCHT
BEWEGUNG
MUSIK
NATUR
FRIDDE
PERSPEKTIV
OMTEM
STILLE
WAKKERT

59 - Antiquariato

L	I	K	X	K	L	X	X	F	Y	X	W	F	Q	O	W
M	Z	E	X	X	L	X	G	E	P	N	C	U	B	N	J
R	E	S	T	A	U	R	A	T	I	O	U	N	B	G	O
U	I	G	I	S	E	Z	P	Q	Q	I	L	E	G	E	E
T	R	L	É	A	T	A	L	O	I	T	M	L	K	W	R
P	E	T	T	J	D	I	D	V	Y	I	G	E	P	É	H
L	L	P	I	A	B	L	L	V	H	T	O	W	R	I	O
U	A	R	L	M	Ë	N	T	E	N	S	R	W	X	N	N
K	G	Ä	A	R	B	Y	G	L	G	E	G	I	F	L	N
S	Q	I	U	C	U	K	T	Z	K	V	W	M	L	E	E
V	F	S	Q	P	O	W	H	R	H	N	J	Y	I	C	R
B	I	J	O	U	E	N	C	E	Ä	I	T	Z	E	H	T
A	U	K	T	I	O	N	S	R	X	W	X	G	S	W	X
U	V	C	C	N	J	T	N	A	G	E	L	E	E	W	G
M	U	V	F	D	E	K	O	R	A	T	I	V	N	Z	M
R	U	O	Q	U	Z	O	K	B	M	U	Q	S	P	Y	O

KONSCHT
AUKTION
LIESEN
DEKORATIV
ELEGANT
GALERIE
BIJOUEN
ONGEWÉINLECH
INVESTITION
MIWWELEN
MËNTEN
PRÄIS
QUALITÉIT
RESTAURATIOUN
SKULPTUR
JOERHONNERT
STIL
WÄRT
AL

60 - Escursionismo

I	C	A	M	P	I	N	G	S	P	L	A	Z	Y	U	G
E	S	C	D	Z	Z	P	C	X	U	L	R	F	K	U	E
Q	L	W	P	V	Q	Z	C	E	S	Q	A	O	L	P	O
T	I	Y	S	T	O	V	I	L	N	G	E	F	I	O	S
V	I	R	B	E	R	E	E	D	U	N	G	K	P	R	C
N	K	H	P	C	F	F	A	L	D	W	G	A	P	I	H
A	C	J	C	Z	Z	Z	P	B	K	F	P	D	G	E	W
T	F	J	O	N	T	R	A	A	K	L	I	M	A	N	É
U	M	Y	E	X	L	E	R	D	D	I	M	F	I	T	I
R	L	X	L	J	O	S	K	K	É	R	F	W	Z	A	E
M	B	I	E	R	G	S	E	A	T	I	H	L	B	T	R
Y	U	B	W	D	W	A	N	N	O	S	E	P	F	I	Y
B	Z	A	W	Y	J	A	V	I	W	X	B	R	M	O	K
M	S	O	I	W	S	W	G	N	E	T	X	G	N	U	W
I	N	S	T	W	Ë	L	L	T	P	T	T	Y	X	N	T
X	W	U	S	S	P	Ë	T	Z	T	O	S	N	K	H	A

WAASSER
DÉIER
CAMPINGSPLAZ
KLIMA
KAART
BIERG
NATUR
ORIENTATIOUN
PARKEN

SCHWÉIER
STEIN
VIRBEREEDUNG
KLIPP
WËLLT
SONN
MIDD
STIWWELE
SPËTZT

61 - Professioni #1

G	O	L	O	H	C	Y	S	P	P	A	W	Q	U	L	K
A	X	A	K	M	Y	R	Z	I	L	J	Z	Y	Q	C	N
J	E	W	E	L	L	E	R	A	U	V	G	Y	O	X	R
M	T	X	S	I	E	N	S	N	M	O	D	X	D	I	U
Z	O	K	C	F	O	I	T	I	M	Z	L	M	B	Y	A
D	Ä	N	Z	E	R	A	M	S	E	G	C	R	W	P	M
M	A	K	O	J	S	R	K	T	R	O	T	I	D	E	B
U	P	A	B	R	E	T	H	C	E	L	K	V	N	T	A
S	D	R	N	E	T	M	D	J	L	O	E	W	Z	I	S
I	I	T	P	I	N	S	T	W	T	E	K	G	T	E	S
K	K	O	Z	U	A	V	A	I	H	G	S	R	X	R	A
E	T	G	N	Q	T	G	C	N	C	J	C	U	I	A	D
R	E	R	Y	N	I	Q	O	F	S	Z	E	Y	L	R	E
H	R	A	M	A	L	J	V	V	N	J	Y	E	T	Z	U
T	H	P	X	B	I	Q	A	Y	Ë	C	U	B	Ë	T	R
T	K	H	Z	I	M	P	X	C	K	R	O	Q	I	R	S

TRAINER
AMBASSADEUR
KËNSCHTLER
ASTRONOM.
AVOCAT
DÄNZER
BANQUIER
JEEËR
KARTOGRAPH
EDITOR
APDIKTER
GEOLOG
JEWELLER
PLUMMER
KLECHTER
MILITANT
MUSIKER
PIANIST
PSYCHOLOG
TIERARZT

62 - Antartide

N	M	I	S	M	P	F	Z	W	T	Ë	O	R	R	H	E
W	Y	I	D	N	C	D	K	Ë	U	M	P	E	Z	J	M
B	Z	N	N	N	W	U	R	S	B	W	I	F	M	S	X
N	F	E	O	E	Q	O	E	S	S	E	N	E	F	K	M
E	I	H	P	A	R	G	O	E	G	L	Q	R	H	O	M
I	N	S	E	L	E	A	A	N	A	T	G	E	W	N	I
W	A	L	E	N	H	S	L	S	I	Ä	L	N	H	T	G
D	G	X	S	I	C	N	X	C	L	V	E	Z	A	I	R
R	S	Y	A	W	S	G	L	H	E	O	T	E	L	N	A
O	E	Q	L	T	R	P	U	A	E	Q	S	N	L	E	T
C	P	S	Y	I	E	C	G	F	F	D	C	E	I	N	I
K	X	U	S	E	U	E	B	T	R	L	H	K	N	T	O
Y	A	B	V	A	F	S	J	G	X	G	E	L	N	H	U
S	D	S	X	L	A	O	A	R	R	T	R	O	E	O	N
X	U	T	C	C	H	W	K	L	F	T	I	W	L	V	U
R	Q	G	O	K	E	X	P	E	D	I	T	I	O	U	N

WAASSER
ËMWELT
BAY
WALEN
REFERENZEN
KONTINENT
GEOGRAPHIE
GLETSCHER
ÄIS
INSEL
MIGRATIOUN
MINERAL
WOLKEN
HALLINNEL
FUERSCHER
ROCKY
WËSSENSCHAFT
EXPEDITIOUN

63 - Libri

H	U	M	O	R	V	O	L	L	L	R	H	X	M	O	C
U	X	C	A	P	V	L	L	L	I	E	Z	H	V	P	N
E	P	I	S	C	H	S	N	O	T	L	H	R	M	S	D
K	S	K	Y	T	U	Ä	H	T	E	E	V	C	L	C	R
X	O	A	M	X	N	I	S	H	R	V	P	T	Y	H	A
Q	Z	N	M	Z	J	T	Z	C	A	A	A	Y	R	R	T
D	B	A	T	M	A	M	U	I	I	N	N	V	V	E	M
F	Y	M	Ä	E	E	D	X	H	R	T	H	T	F	I	U
D	V	O	T	I	X	L	W	C	E	E	I	P	H	W	O
K	M	R	I	R	X	T	H	S	H	O	S	V	C	E	N
Z	R	E	L	E	I	Z	R	E	T	Y	T	E	S	N	A
K	H	E	A	S	E	R	S	G	E	I	O	C	I	A	N
A	G	R	U	E	T	U	A	I	S	J	R	U	G	L	X
H	C	I	D	E	G	X	P	P	N	H	I	W	A	C	W
A	V	E	N	T	U	R	E	M	R	Q	S	U	R	O	W
I	N	V	E	N	T	I	V	Q	H	O	K	Z	T	C	N

AUTEUR
AVENTURE
SAMMEL
KONTEXT
DUALITÄT
EPISCH
INVENTIV
LITERAIRE
LIESER
ERZIELER
SÄIT
GEDICH
RELEVANT
ROMAN
OPSCHREIWEN
SERIE
GESCHICHT
HISTORISK
TRAGISCH
HUMORVOLL

64 - Geografia

F	H	O	B	B	N	W	E	L	T	C	M	K	J	T	R
U	T	Y	W	J	L	S	F	L	F	T	E	O	P	E	Z
W	X	R	N	H	C	H	Ö	C	H	T	R	N	N	R	Z
S	J	M	V	S	W	W	R	D	Z	Z	I	T	U	R	J
E	Ü	N	U	W	E	B	F	E	O	Z	D	I	R	I	Q
B	N	D	A	T	S	B	L	M	G	B	I	N	Ä	T	Q
G	R	J	E	A	T	K	A	A	R	T	A	E	H	O	N
S	K	I	X	N	E	O	M	A	E	U	N	N	P	I	O
L	O	M	Y	B	N	S	F	V	I	O	V	T	S	R	R
D	A	R	G	E	D	E	E	R	B	W	H	T	I	E	D
L	L	N	X	Z	X	Y	M	I	Q	S	L	D	M	D	E
I	Ä	Y	D	I	J	I	M	N	U	O	I	G	E	R	N
F	X	N	I	Z	Z	B	J	S	A	L	T	A	H	E	F
Y	L	E	G	W	K	I	X	E	W	F	Q	D	R	I	R
R	N	B	E	T	P	H	M	L	I	I	A	F	W	M	H
Y	K	N	R	T	H	E	I	F	U	Z	F	P	G	E	X

HÖCHT
ATLAS
STAD
KONTINENT
HEMISPHÄR
FLOS
INSEL
BREEDEGRAD
LÄNGT
KAART

MIER
MERIDIAN
WELT
BIERG
NORDEN
WESTEN
LAND
REGIOUN
SÜDEN
TERRITOIRE

65 - Cibo #1

F	I	Z	G	M	C	B	Z	G	N	A	F	B	Y	T	D
P	L	R	I	J	H	N	P	X	V	Z	S	A	L	Z	R
M	E	E	R	M	G	C	T	O	E	C	V	I	E	C	I
X	P	I	E	E	T	A	V	G	F	N	R	Z	A	Z	F
R	P	B	D	S	E	N	X	Z	I	D	O	Q	W	E	M
K	O	D	P	S	C	E	E	R	F	O	R	S	I	U	T
A	R	R	N	U	T	H	Z	I	T	R	O	N	E	Z	B
C	T	E	S	J	V	Q	M	Ë	L	L	E	C	H	O	A
H	E	Ä	N	K	A	R	R	O	T	A	N	I	P	S	S
E	B	Z	R	R	M	V	E	T	U	N	N	Z	Q	U	I
N	N	W	G	H	I	G	N	U	U	Z	Y	U	T	M	L
O	A	J	M	B	N	B	N	G	S	F	L	C	Q	J	I
Q	F	L	X	C	Z	V	Ë	D	F	J	G	K	E	W	K
S	A	L	A	T	E	L	G	E	R	Ä	R	E	T	C	U
X	O	A	C	U	V	S	V	S	Q	K	M	R	Q	T	M
V	S	R	U	H	W	K	N	U	E	W	E	L	E	K	D

KNUEWELEK
BASILIKUM
ZIMT
FLEESCH
KARROT
ËNNER
ÄERDBIER
SALAT
MËLLECH
ZITRONE

MINZE
GERÄR
BIRNE
TROPPEL
SALZ
SPINAT
JUSS
TUNN
KACHEN
ZUCKER

66 - Etica

O	L	W	M	W	S	H	K	G	U	Q	V	R	D	I	K
M	P	V	U	A	O	T	A	L	Q	N	M	A	I	N	O
S	I	T	H	C	S	I	E	W	M	G	C	T	P	T	O
P	K	T	I	W	W	V	W	B	N	R	D	I	L	E	P
M	B	G	G	M	W	O	F	B	A	E	K	O	O	G	E
W	G	X	Ë	E	I	G	Y	M	X	A	U	N	M	R	R
B	C	Z	D	T	F	S	A	K	L	L	U	A	A	I	A
L	T	R	Z	G	T	Ü	M	J	W	I	G	L	T	T	T
P	P	X	N	C	O	U	H	U	S	S	E	I	I	É	I
C	J	T	A	P	T	H	C	L	S	M	D	T	S	I	O
J	B	E	R	X	H	C	G	O	X	E	O	Ä	C	T	U
X	P	Z	E	S	C	O	J	D	C	Z	L	T	H	O	N
P	H	I	L	O	S	O	P	H	I	E	D	N	D	G	D
G	Q	K	O	R	N	R	R	A	S	O	N	A	B	L	E
R	J	Z	T	Q	Ë	P	L	W	E	S	N	O	N	E	G
D	G	É	I	F	M	S	U	M	S	I	U	R	T	L	A

ALTRUISMUS
MITGEFÜHL
KOOPERATIOUN
GÉIF
DIPLOMATISCH
PHILOSOPHIE
GËTT
INTEGRITÉIT
SPROOCH
OPTIMISMUS
GEDOLD
RASONABLE
RATIONALITÄT
REALISME
WEISCHT
TOLERANZ
MËNSCHT

67 - Aeroplani

H	Y	B	U	A	B	L	R	A	C	L	K	H	I	R	A
W	Ö	J	P	S	T	F	O	L	R	H	Z	I	H	I	V
P	I	C	V	R	O	M	T	P	E	V	N	S	H	C	E
R	Q	C	H	L	L	W	O	H	W	T	E	T	U	H	N
V	D	A	Y	T	I	A	M	S	W	U	L	O	Y	T	T
C	L	T	H	X	P	A	S	F	F	B	U	R	S	U	U
N	S	X	K	I	I	S	T	S	F	Ä	B	I	T	N	R
D	E	S	I	G	N	S	P	E	O	Y	R	E	W	G	E
Y	W	Q	L	N	G	E	A	C	T	Y	U	K	J	I	G
B	A	L	L	O	N	R	S	J	S	H	T	J	W	T	K
J	K	E	Y	L	U	S	S	F	N	U	C	D	H	S	B
A	F	M	K	J	D	T	A	K	N	E	H	I	X	F	V
Y	M	M	M	O	N	O	G	T	E	V	E	C	É	O	O
U	W	I	Y	W	A	F	I	T	R	G	K	L	A	H	L
D	F	H	T	A	L	F	E	G	B	F	Y	W	M	Z	B
E	T	E	R	O	S	X	R	B	Q	O	Y	R	K	F	B

HÉICHT
HÖCHT
LOFT
ATMOSFÄR
LANDUNG
AVENTURE
BRENNSTOFF
HIMMEL
BAU
DESIGN
RICHTUNG
OFSTIG
CREW
WAASSERSTOFF
MOTOR
BALLON
PASSAGIER
PILOT
HISTORIE
TURBULENZ

68 - Governo

N	J	W	N	J	F	W	G	P	O	L	I	T	I	K	L
N	P	R	O	P	L	D	N	C	C	Q	L	G	V	T	I
L	S	Y	M	B	O	L	U	A	D	M	F	E	I	V	B
G	X	A	Y	U	F	Z	S	T	A	T	W	S	E	U	E
E	C	T	F	Ä	H	C	S	R	E	G	R	E	I	B	R
R	G	B	F	D	Y	D	A	U	Y	M	F	T	Z	P	T
I	L	I	E	A	G	R	F	M	G	P	K	Z	L	R	Y
C	Ä	R	R	X	P	N	R	W	A	O	O	T	G	A	K
H	I	W	R	R	T	N	E	M	U	N	O	M	I	O	V
T	C	W	Q	E	A	W	V	R	E	C	H	T	E	R	B
L	H	W	E	Y	D	I	S	K	U	S	S	I	O	U	N
I	H	Z	C	M	N	I	M	O	F	G	C	K	I	N	O
C	E	T	E	E	K	G	E	T	H	C	E	R	E	G	I
H	E	E	M	C	Y	W	V	L	I	V	I	Z	O	Z	T
Q	T	J	D	E	M	O	K	R	A	T	I	E	Q	T	A
R	T	S	L	R	B	R	I	E	D	W	V	O	S	C	N

LEIDER
BIERGERSCHÄFT
ZIVIL
VERFASSUNG
DEMOKRATIE
RECHTER
RIED
DISKUSSIOUN
GERICHTLICH
GERECHTEGKEET
GESETZ
LIBERTY
MONUMENT
NATION
POLITIK
SYMBOL
STAT
GLÄICHHEET

69 - Spiaggia

S	Z	L	H	Z	W	F	A	S	M	K	O	T	N	W	S
P	E	L	A	D	N	A	S	O	V	I	R	S	J	I	A
B	E	G	T	J	F	L	X	N	A	K	E	A	Q	H	N
U	N	A	E	N	K	K	M	N	K	T	V	R	B	V	D
C	B	U	I	L	Z	C	Z	H	A	N	G	Z	D	B	D
Y	W	M	C	I	B	Y	F	W	N	S	H	U	O	S	E
O	Z	E	A	N	A	O	Z	A	Z	P	S	V	C	E	B
A	K	W	Y	U	M	L	O	E	Q	C	J	H	I	C	W
T	Ü	W	O	G	X	B	T	T	I	N	S	E	L	V	S
Z	S	X	P	A	Q	N	K	O	C	Q	H	K	Y	P	S
T	T	A	D	L	R	M	U	O	S	O	L	W	Q	J	R
F	Y	X	M	L	P	A	X	B	A	T	F	W	D	C	N
Q	F	D	W	W	U	X	R	K	A	C	H	M	F	H	K
V	F	P	M	F	N	P	V	N	D	D	M	R	K	Y	U
D	I	R	S	C	H	E	N	H	A	N	D	D	U	C	H
U	R	H	W	T	O	X	A	N	X	F	V	U	O	A	X

HANDDUCH
BOOT
SEGELBOOT
BLO
KÜST
KRABBE
INSEL
LAGUN
MIER
OZEAN
DIRSCHEN
SAND
SANDALE
RIFF
SONN
VAKANZ

70 - Bellezza

F	A	R	A	G	D	S	G	O	C	S	N	Z	X	Z	W
L	A	M	P	L	F	H	R	R	Z	H	L	N	I	U	I
I	X	R	V	I	B	A	S	D	G	M	A	Z	N	F	M
P	P	C	B	K	O	M	B	R	D	J	J	R	O	L	P
P	O	K	Y	I	O	P	W	T	U	R	F	W	M	O	E
E	M	B	B	T	G	O	W	V	F	C	Z	L	S	E	R
N	F	Q	C	E	N	O	V	E	T	A	L	G	A	D	N
S	M	Y	D	M	E	L	E	G	A	N	T	H	Q	A	T
T	F	F	E	S	S	L	E	W	T	O	C	A	G	N	U
I	M	N	L	O	K	E	R	E	H	C	S	U	D	G	S
F	H	J	E	K	K	G	R	N	E	G	O	T	O	F	C
T	X	S	G	R	H	E	J	V	K	U	R	L	E	N	H
T	M	P	A	A	Z	I	T	S	I	L	Y	T	S	R	E
J	O	P	N	W	X	P	D	T	W	C	A	E	S	C	H
S	Q	I	Z	C	T	S	J	N	D	D	E	T	W	D	W
N	B	B	E	L	Z	V	E	K	S	T	R	Z	L	E	Y

FARBIG
KOSMETIK
ELEGANT
ELEGANZ
CHARME
SCHERE
FOTOGEN
DUFT
GNADE
GLAT
WIMPERNTUSCHE
HAUT
KURLEN
LIPPENSTIFT
SERVICE
SHAMPOO
SPIEGEL
STYLIST

71 - Avventura

C	G	Z	H	F	A	K	T	I	V	I	T	É	I	T	N
L	O	Y	K	R	L	I	A	B	B	K	R	T	N	Z	K
S	Ë	C	N	Ë	C	H	A	N	C	E	E	B	E	I	G
Y	C	T	G	N	U	D	E	E	R	E	B	R	I	V	Y
T	S	H	Z	N	B	V	F	S	Y	O	I	G	C	G	D
K	I	X	O	E	J	J	A	X	U	V	X	F	O	U	A
Z	C	L	G	O	B	D	S	O	P	C	T	Z	I	L	S
D	G	J	E	V	N	U	M	J	T	T	F	J	G	F	C
L	L	Y	S	D	O	H	E	T	M	V	T	C	F	S	H
P	S	S	Q	Q	H	V	E	R	N	T	Q	R	R	U	Ä
L	F	I	V	R	R	V	T	I	G	F	Q	T	E	A	F
W	A	F	Z	Y	Q	A	C	Q	D	B	E	V	E	S	F
G	E	F	F	E	R	I	N	A	T	U	R	F	D	P	E
O	N	G	E	W	É	I	N	L	E	C	H	J	Z	Y	L
S	C	H	W	I	E	R	I	G	K	E	I	T	D	S	B
Q	C	P	L	M	E	T	T	G	C	C	F	S	C	E	D

FRËNN
AKTIVITÉIT
SCHOONHEID
CHANCE
ZIL
SCHWIERIGKEIT
AUSFLUG
FREED
ONGEWÉINLECH
SCHÄFFE
NATUR
LËTZEBUERG
NEI
GEFFER
VIRBEREEDUNG
SAFE

72 - Forme

J	T	F	P	A	B	C	H	W	V	C	W	E	X	F	O
G	K	X	R	X	N	O	G	Y	L	O	P	U	U	C	V
S	R	O	I	V	Z	Q	A	F	P	B	C	P	B	W	A
J	G	C	S	P	I	L	L	E	H	E	T	N	A	K	L
A	O	Q	M	A	R	L	B	J	O	V	R	U	K	V	O
C	U	C	A	J	K	O	G	H	I	N	H	B	E	Y	V
R	B	P	Q	S	R	E	D	N	I	L	Y	Z	E	S	H
I	E	A	A	Ä	X	M	G	E	C	K	X	A	K	L	B
D	V	C	X	I	I	U	L	E	J	X	C	R	R	K	A
R	R	I	H	T	P	T	C	B	L	A	Z	C	U	O	T
I	P	L	E	T	I	D	I	O	S	H	G	D	U	V	O
E	Q	Z	I	X	E	I	Q	G	C	K	R	E	E	S	L
E	Y	X	L	X	B	C	O	B	C	G	C	I	T	R	I
K	J	N	N	K	W	L	K	I	L	W	B	M	I	N	N
E	C	M	E	G	A	M	I	N	X	L	B	D	F	X	N
L	J	K	Z	J	W	O	C	Q	Z	S	A	L	F	T	M

ECK
ARC
KANTE
KREES
ZYLINDER
KEGEL
MEGAMINX
KURV
ELLIPS
HYPERBEL
SÄIT
LINN
OVAL
POLYGON
PRISMA
RECHTECK
DRIEEKEL

73 - Oceano

N	D	I	C	C	U	M	C	H	A	A	M	G	P	B	K
E	I	Y	Z	V	B	C	V	M	U	B	Y	F	K	K	O
N	N	U	T	Z	D	K	B	A	S	P	I	E	R	V	R
I	Y	F	P	N	T	U	X	F	T	O	O	B	O	R	A
H	Z	F	Q	L	D	F	R	F	E	B	B	A	R	K	L
P	A	F	I	N	S	C	P	Z	R	X	C	F	Y	Q	L
L	G	I	G	E	G	A	R	N	E	L	E	Q	O	Q	E
E	R	R	F	L	E	L	H	U	L	K	K	G	T	V	N
D	Q	E	Z	L	A	S	R	Z	L	A	A	V	L	I	L
E	Q	I	N	E	B	W	Z	Y	A	T	H	R	V	B	L
G	Z	M	A	W	H	C	S	O	U	O	E	S	K	J	I
P	Y	R	B	T	A	I	T	E	Q	N	D	M	F	E	M
Y	Z	U	D	E	C	K	E	L	S	M	O	U	K	O	X
C	U	T	G	E	Z	Ä	I	T	E	N	A	E	E	M	B
F	I	S	C	H	Z	D	O	V	J	K	K	Z	P	X	Z
D	B	I	C	O	Q	D	L	N	L	G	C	L	N	A	W

AAL
WAL
BOOT
KORALLEN
DELPHIN
GARNELE
KRABBE
GEZÄITEN
QUALLE
WELLEN

AUSTER
FISCH
KRAKE
SALZ
RIFF
SCHWAMZ
HAI
DECKELSMOUK
STURM
TUNN

74 - Famiglia

Z	E	U	C	X	U	X	Y	R	V	R	F	K	B	H	Y
K	U	U	S	V	C	K	A	N	N	E	R	E	D	D	Q
N	F	V	T	C	Y	D	K	Y	B	T	U	J	E	K	Y
S	H	Q	T	Q	T	T	D	C	V	A	S	M	M	A	M
L	C	P	P	A	P	S	S	U	O	R	G	M	D	N	N
U	I	H	A	D	U	E	C	H	T	E	R	Ü	S	D	E
M	L	A	W	P	K	O	S	E	N	G	M	T	H	H	V
U	R	E	T	Ë	P	F	Z	Y	N	D	I	T	K	E	E
A	E	Y	W	X	S	V	V	G	A	L	V	E	A	E	U
I	T	E	E	R	G	T	I	I	M	O	B	R	N	T	R
V	Ä	E	N	K	E	L	E	K	N	O	W	L	D	O	N
O	V	D	W	T	B	U	P	R	U	Q	U	I	M	H	K
Z	Y	E	R	H	A	F	R	I	V	H	M	C	Z	V	C
P	P	S	M	I	Z	N	J	K	E	S	R	H	H	O	V
B	R	U	D	D	E	R	T	P	G	G	F	R	A	P	O
Q	B	P	G	R	B	E	Z	K	H	F	U	K	Q	L	Z

VIRFAHRE
KANNER
KAND
KOSENG
DUECHTER
BRUDDER
KANDHEET
MAMM
MANN
MÜTTERLICH
FRA
NEVEU
ENKEL
BOMI
GROUSSPAPP
PAPP
VÄTERLICH
SCHWËSTER
TANT
ONKEL

75 - Creatività

I	A	U	T	E	N	T	I	Z	I	T	É	I	T	B	T
N	U	O	I	S	I	V	B	G	S	S	M	J	Y	E	O
V	A	Q	T	U	D	R	A	M	A	T	I	S	C	H	D
E	E	R	Ä	R	Z	U	Y	H	A	C	Z	Y	M	P	Q
N	J	E	T	I	É	T	I	S	N	E	T	N	I	J	C
T	S	G	I	I	A	K	L	A	R	I	T	É	I	T	F
I	P	D	L	M	S	J	T	F	T	R	C	D	V	P	Ä
V	O	B	A	Z	R	T	U	D	K	V	K	E	H	H	E
S	N	Z	T	N	U	O	I	T	A	S	N	E	S	A	G
J	T	H	I	Q	I	I	L	K	I	R	V	M	N	N	K
L	A	Q	V	M	G	O	Z	F	F	D	G	S	S	T	E
A	N	E	N	O	I	T	O	M	E	H	E	L	J	A	E
A	U	S	D	R	O	C	K	S	N	W	G	E	D	S	T
W	F	D	V	L	R	N	O	I	T	I	U	T	N	I	I
T	D	N	U	O	I	T	A	R	I	P	S	N	I	E	Q
I	W	L	B	H	K	B	R	D	M	M	J	N	O	C	Q

FÄEGKEET
ARTISTIK
AUTENTIZITÉIT
KLARITÉIT
DRAMATISCH
EMOTIONEN
AUSDROCK
IDEEN
PHANTASIE
BILD
INTENSITÉIT
INTUITION
INVENTIV
INSPIRATIOUN
SENSATIOUN
SPONTAN
VISIOUN
VITALITÄT

76 - Veicoli

K	P	N	E	U	E	N	S	N	T	N	T	A	T	Y	T
H	R	V	K	L	L	W	U	K	R	J	R	W	E	O	B
E	A	A	N	N	L	U	B	R	U	J	A	Z	U	C	H
L	L	A	N	Q	O	B	U	S	C	Z	K	B	U	V	V
I	P	A	C	K	R	F	S	H	K	M	T	V	E	E	L
K	C	K	X	B	E	P	N	E	T	T	O	L	U	O	R
O	B	U	N	N	W	N	Z	B	W	A	R	A	O	J	E
P	D	O	U	K	E	B	W	M	O	T	O	R	U	E	L
T	E	L	F	N	I	W	Y	A	T	W	I	R	E	T	L
E	E	R	W	O	N	J	Z	F	G	S	N	B	O	I	O
R	M	A	F	L	É	I	E	R	K	E	Q	P	O	M	R
E	N	K	Y	J	C	K	P	T	G	E	N	O	Q	O	K
B	P	É	B	E	V	Ë	L	K	E	R	U	N	G	T	T
G	J	I	N	O	O	I	Q	R	K	P	Z	T	Y	D	Z
L	Z	T	K	I	D	V	Q	B	E	C	R	S	V	J	F
N	S	Z	A	B	N	D	Z	L	S	N	S	W	B	H	C

FLÉIER
KRANKENWAGEN
AUTO
BUS
VEEL
TRUCKT
ROULOTTEN
HELIKOPTER
BUNN
MOTOR
PNEUEN
RAKÉIT
ROLLER
BOOT
NIEWEROLL
BEVËLKERUNG
TRAKTOR
ZUCH
DEE

77 - Natura

F	F	H	H	C	N	C	S	W	E	C	G	V	V	J	S
Q	G	S	E	T	W	V	C	W	Ë	Y	B	A	Q	L	C
W	P	X	L	D	O	T	H	N	P	L	T	N	C	I	P
A	T	L	L	D	U	N	O	I	X	I	L	Q	H	G	X
L	G	S	E	L	K	D	O	U	F	H	F	T	I	Y	W
D	H	R	G	T	X	S	N	P	W	I	M	T	X	H	F
A	T	R	T	U	V	N	H	M	W	L	O	Ë	L	J	U
C	L	Z	U	Z	R	E	E	Y	E	Q	P	L	F	K	Q
J	K	W	M	Y	M	R	I	E	O	J	A	B	R	P	U
S	S	O	L	F	L	U	D	M	G	L	A	Z	I	E	R
N	I	W	W	E	L	B	C	O	I	S	Q	V	U	C	W
J	P	N	D	M	K	O	E	A	R	K	T	I	S	O	O
C	O	D	H	F	H	C	S	I	M	A	N	Y	D	C	C
S	R	E	T	I	E	H	B	B	E	V	C	U	V	H	I
T	T	E	R	O	S	I	O	U	N	N	E	K	L	O	W
T	M	E	D	É	I	E	R	F	E	D	W	A	E	X	F

DÉIER
BEIEN
ARKTIS
SCHOONHEID
STE
DYNAMISCH
EROSIOUN
FLOS
BLËTT
WALD
GLAZIER
NIWWEL
WOLKEN
HELLEGTUM
WËLLT
HEITER
TROPISK

78 - Paesi #1

V	E	O	W	S	L	B	F	M	K	Z	H	C	M	Z	T
Ä	G	Y	Z	Q	I	O	S	U	A	D	A	N	A	K	D
B	G	I	N	M	B	C	B	V	R	U	B	E	R	K	Ä
V	U	Y	K	L	Y	D	Q	N	I	Z	P	L	O	A	I
V	E	V	P	Q	E	D	T	E	X	O	A	O	K	M	T
I	A	N	X	T	N	B	M	A	L	I	N	P	K	B	S
E	H	E	E	L	E	A	R	S	I	H	A	V	O	O	C
T	Z	G	F	Z	I	N	C	A	L	M	M	N	K	D	H
N	V	E	R	Z	U	N	Z	J	S	B	A	G	D	S	L
A	E	W	O	U	T	E	A	L	P	I	A	V	N	C	A
M	G	R	K	N	N	I	L	S	H	P	L	A	G	H	N
V	J	O	X	Q	G	D	N	A	L	N	N	I	F	A	D
W	M	N	P	D	E	N	I	G	H	Z	I	Z	E	A	F
E	I	K	L	I	K	I	S	E	N	E	G	A	L	N	I
S	P	U	E	N	I	E	N	E	I	N	Ä	M	U	R	B
M	J	U	I	U	V	J	R	V	Y	J	X	Z	L	O	I

BRASILIEN
KAMBODSCHA
KANADA
ÄGYPTEN
FINNLAND
DÄITSCHLAND
INDIEN
IRAK
ISRAEL
LIBYEN
MALI
MAROKKO
NORWEGEN
PANAMA
POLEN
RUMÄNIEN
SENEGAL
SPUENIEN
VENEZUELA
VIETNAM

79 - Campionato

S	W	H	K	J	U	E	T	R	O	P	S	O	M	J	Q
R	I	C	H	T	E	R	A	O	V	C	D	I	E	S	Q
C	X	M	W	U	G	I	N	U	U	L	B	U	D	T	U
C	H	A	M	P	I	O	N	M	Q	R	A	S	A	R	S
S	C	E	G	E	E	T	O	Q	Z	E	N	D	I	A	T
Q	U	T	G	I	Y	C	I	S	R	N	R	O	L	T	R
F	O	G	X	L	L	I	P	C	Z	I	F	N	I	E	C
R	Q	H	Z	O	F	V	M	H	X	A	F	U	G	G	N
R	E	M	V	P	Y	J	A	W	T	R	I	Z	R	I	J
J	Q	G	Q	Y	B	G	H	E	P	T	I	L	H	E	V
Q	B	W	N	B	P	E	C	I	S	A	X	G	V	I	Z
R	M	A	H	E	A	J	M	S	G	U	O	K	N	C	K
J	I	E	H	G	R	V	J	S	S	S	U	K	S	R	F
L	F	N	E	X	M	O	T	I	V	A	T	I	O	U	N
L	E	E	S	C	H	T	U	N	G	E	G	D	G	W	T
J	N	O	T	I	D	R	T	Z	W	B	N	O	O	Q	O

TRAINER
CHAMPIONNAT
CHAMPION
REGNER
MVP
RICHTER
LIGA
MEDAIL
MOTIVATIOUN
LEESCHTUNG
SPORT
TEAM
STRATEGIE
SCHWEISS
TOURNOI
VICTOIRE

80 - Geometria

D	U	E	R	C	H	M	I	E	S	S	E	R	S	B	B
T	H	E	O	R	I	E	Q	A	L	Q	R	I	E	E	L
R	T	S	L	A	T	N	O	Z	I	R	O	H	G	R	O
F	H	F	Y	T	U	U	O	R	K	V	S	G	M	E	G
A	C	Z	L	K	Z	O	Z	Q	R	R	T	U	E	C	I
D	I	M	E	N	S	I	O	U	N	U	E	L	N	H	K
D	É	M	G	T	E	T	V	P	O	K	B	E	T	N	Q
R	H	L	N	O	R	A	T	T	H	X	A	M	S	I	G
I	Q	E	E	G	M	U	L	J	S	P	G	K	S	N	E
E	A	B	U	L	W	Q	W	P	P	C	H	Z	W	G	N
E	Q	O	O	U	L	E	U	N	D	E	E	L	U	M	Y
K	U	M	E	D	I	A	N	E	C	Z	M	D	H	E	H
E	Z	C	O	S	I	U	R	B	J	Z	Z	F	W	M	L
L	A	K	I	T	R	E	V	A	S	Y	E	F	A	F	P
S	Y	M	M	E	T	R	I	E	P	C	S	L	W	X	I
N	E	X	Y	P	U	E	W	E	R	F	L	Ä	C	H	S

HÉICHT
ENGEL
BERECHNING
KREES
KURV
DUERCHMIESSER
DIMENSIOUN
EQUATIOUN
LOGIK
MEDIANE
ZUEL
HORIZONTAL
PARALLEL
UNDEEL
SEGMENT
SYMMETRIE
UEWERFLÄCH
THEORIE
DRIEEKEL
VERTIKAL

81 - Foresta Pluviale

M	C	T	H	C	S	Ë	W	B	L	R	Z	P	I	A	F
Y	B	E	U	W	G	C	S	O	O	M	Ä	D	E	M	A
K	L	T	K	L	I	M	A	V	L	U	R	J	L	P	D
Z	E	Y	O	T	G	Z	V	D	U	K	E	C	C	H	I
U	G	E	M	E	N	G	N	F	O	E	E	E	S	I	V
F	Q	Y	X	A	I	U	A	C	D	B	L	N	R	B	E
L	W	D	H	N	E	R	E	I	T	E	G	U	J	I	R
U	L	G	Z	E	W	E	I	L	R	E	W	W	I	E	S
C	Z	B	D	Z	E	K	S	Z	F	U	W	L	A	Z	I
H	U	A	D	N	T	E	M	X	R	R	E	J	I	C	T
T	O	O	R	E	K	Z	O	Y	M	P	H	F	L	U	É
N	A	T	U	R	R	E	S	P	E	K	T	L	R	S	I
A	G	O	D	E	S	J	W	A	E	V	V	R	B	Y	T
S	B	G	U	F	I	N	S	E	K	T	E	N	H	W	V
X	V	W	K	E	C	R	S	U	D	W	X	P	V	R	V
Y	E	O	K	R	I	R	E	P	H	S	N	G	C	U	T

AMPHIBIE
ZÄRE
KLIMA
GEMENG
DIVERSITÉIT
INSEKTEN
UGETIEREN
MOOS
NATUR
WOLKEN
REFERENZEN
WËSCHT
ZUFLUCHT
RESPEKT
IWWERLIEWE
VUEL

82 - Edifici

H	R	F	B	H	O	Z	U	Y	Z	Y	F	M	S	L	S
M	K	L	L	O	J	M	B	S	M	E	W	L	P	K	U
U	Y	F	X	T	N	D	X	S	C	I	L	E	I	L	P
S	A	U	M	E	O	I	O	A	S	H	K	T	D	O	E
E	Q	E	L	L	I	T	K	B	I	G	L	S	O	B	R
U	H	O	T	D	D	N	G	M	R	U	T	O	L	S	M
M	Z	O	C	W	A	E	Z	A	E	N	X	H	S	E	A
I	N	Y	A	X	T	M	T	H	E	A	T	E	R	R	R
F	I	T	W	K	S	E	K	A	B	I	N	N	X	V	K
L	A	B	O	R	A	T	O	I	R	E	K	Z	Z	A	T
S	C	H	O	U	L	R	A	Q	Z	N	Y	P	I	T	R
W	B	Y	N	G	N	A	X	H	L	U	Q	Z	E	I	L
D	K	T	Y	W	J	P	Q	P	Y	E	J	M	R	O	U
A	F	M	C	E	M	P	C	P	Z	H	L	Q	W	U	Z
S	N	Z	C	T	N	A	R	K	X	C	Q	U	R	N	M
F	A	B	R	I	E	K	H	I	P	S	J	V	J	O	Z

AMBASSY
APPARTEMENT
KABINN
SCHLOS
KINO
FABRIEK
SCHEUNE
HOTEL
LABORATOIRE
MUSEUM
SPIDOL
OBSERVATIOUN
HOSTEL
SCHOUL
STADION
SUPERMARKT
THEATER
ZELT
TURM

83 - Malattia

P	P	N	Y	M	W	Y	N	V	B	J	Z	K	E	W	L
B	N	G	H	L	N	R	M	E	E	E	D	U	O	N	E
R	K	D	E	O	G	P	N	R	B	B	H	J	S	X	N
R	L	F	S	W	Z	K	E	I	P	A	R	E	H	T	T
F	G	D	O	N	S	F	A	E	X	L	U	D	O	V	Z
Q	G	D	U	R	F	N	Z	R	Ä	H	I	C	R	C	Ü
T	T	E	L	E	K	S	L	W	F	B	A	E	H	H	N
E	G	E	W	M	E	T	A	E	Q	X	F	T	Y	R	D
E	K	I	E	R	P	E	R	N	S	J	R	C	M	O	U
H	C	S	I	T	E	N	E	G	S	X	V	S	O	N	N
D	N	E	H	C	E	I	T	S	U	D	M	E	R	E	G
N	I	M	M	U	N	I	T	É	I	T	L	Q	D	S	B
O	C	X	C	O	A	L	L	E	R	G	I	E	N	C	B
S	C	H	W	A	C	H	T	X	Y	V	B	V	Y	H	B
E	U	B	N	B	A	K	T	E	R	I	A	L	S	U	O
G	N	E	U	R	O	P	A	T	H	I	E	C	K	N	W

BAUCH
ALLERGIEN
BAKTERIAL
USTIECHEND
KIERPER
CHRONESCH
HÄRZ
SCHWACHT
VERIERWEN
GENETISCH
IMMUNITÉIT
ENTZÜNDUNG
NEUROPATHIE
SKELETT
ATEMWEGE
GESONDHEET
SYNDROM
THERAPIE

84 - Paesi #2

X	Y	G	N	Z	Q	X	I	M	A	O	W	A	N	U	O
E	B	I	U	P	T	P	B	E	V	I	O	G	E	G	L
V	A	J	D	D	E	D	M	X	W	C	Q	G	M	A	U
D	K	J	N	P	K	N	S	I	T	Ï	A	H	A	N	M
N	I	G	E	R	I	A	O	K	C	J	U	Q	R	A	T
A	A	V	I	Q	R	L	M	O	E	H	C	F	K	J	J
L	M	P	N	C	U	E	A	A	G	E	L	O	G	G	T
R	A	W	A	O	S	H	L	P	R	Y	A	X	I	E	S
I	J	P	B	J	S	C	I	S	E	G	H	R	R	P	V
U	A	K	L	K	L	I	A	J	L	N	P	X	M	M	V
C	K	K	A	S	A	I	Ä	T	H	I	O	P	I	E	N
F	R	R	Q	Q	N	R	N	H	P	F	M	M	T	J	N
R	R	F	A	H	D	G	L	Q	P	A	F	D	D	E	C
Z	F	J	O	I	L	A	O	S	D	B	L	Q	E	U	G
D	C	Y	A	L	N	P	A	K	I	S	T	A	N	F	O
Y	Q	I	J	P	Z	S	Y	R	I	E	N	A	D	U	S

ALBANIEN
NEMARK
ÄTHIOPIEN
JAMAIKA
JAPAN
GRIICHELAND
HAÏTI
AGELOGGT
IRLAND
LAOS
MEXIKO
NEPAL
NIGERIA
PAKISTAN
RUSSLAND
SYRIEN
SOMALIA
SUDAN
UKRAIN
UGANA

85 - Tipi di Capelli

C	J	J	H	X	G	E	G	J	K	R	G	N	A	L	B
B	X	E	Z	K	R	D	R	Ë	C	H	T	L	U	G	E
C	P	P	Z	Z	O	N	O	E	E	D	J	L	A	D	H
W	A	G	Z	B	Y	O	K	A	D	B	T	Ë	V	T	S
N	Z	D	R	V	O	S	P	N	A	N	R	M	J	R	C
C	N	G	H	N	F	E	C	B	K	V	O	O	J	O	H
I	B	B	E	N	H	G	R	Q	U	P	G	B	N	K	W
X	W	Y	N	A	C	N	S	C	H	N	Ë	T	T	G	A
W	N	U	Z	J	A	B	S	C	R	N	V	U	T	A	A
Q	E	O	Z	D	P	P	I	U	Y	Ë	J	Z	G	U	R
B	Y	B	L	O	N	D	Ä	R	L	D	F	W	O	B	Z
B	U	U	T	S	P	K	W	L	S	V	Z	L	A	G	I
F	M	G	S	K	V	A	P	E	K	J	P	H	C	Y	A
R	F	H	I	B	G	H	Y	G	C	V	I	S	S	C	C
T	O	E	W	T	M	L	T	W	H	A	J	Z	E	X	V
H	K	U	R	L	E	N	E	T	H	C	E	L	F	M	B

DRËCHT
WÄISS
BLOND
KORT
KAHL
GRO
FLECHTEN
GLAT
SCHNËTT

LANG
BRONG
MËLL
SCHWAARZ
CURLEG
KURLEN
GESOND
DËNN
DECK

86 - Vestiti

U	K	T	U	S	G	U	Z	N	A	F	A	L	H	C	S
B	L	S	E	D	O	M	I	T	E	B	O	X	N	E	Y
L	E	H	C	U	K	M	W	A	Y	O	B	S	M	I	B
U	I	I	H	U	H	C	S	D	N	A	H	B	W	N	Q
S	D	R	K	W	O	H	O	P	J	X	J	C	C	T	S
E	T	T	E	K	P	L	G	E	A	L	O	D	S	U	A
P	U	L	L	O	V	E	R	E	C	R	J	O	Q	R	N
D	L	E	H	N	E	B	Q	Q	K	Z	E	P	V	E	D
T	M	T	A	Y	U	E	C	K	E	O	A	G	X	E	A
M	Q	N	O	R	O	N	Z	E	T	O	N	W	T	B	L
K	R	A	L	G	M	P	W	X	P	N	S	S	A	V	E
V	S	M	W	B	H	B	R	O	L	K	C	O	R	I	T
C	D	E	J	H	Z	L	A	S	Z	E	H	Q	G	U	N
S	C	H	A	L	K	U	O	N	T	E	O	E	V	X	Y
H	H	B	X	D	Z	M	B	W	D	O	R	Q	N	X	X
R	K	N	U	Y	Y	E	V	X	E	N	T	X	F	O	W

KLEID
ARMBAND
BLUSE
T-SHIRT
HUET
MANTEL
CEINTURE
KETTE
JACKE
ROCK
SCHORT
HANDSCHUH
JEAN
PULLOVERE
MODE
BOX
SCHLAFANZUG
SANDALE
SCHOEN
SCHAL

87 - Attività e Tempo Libero

T	R	Q	E	I	E	S	D	X	Z	S	V	T	P	Z	G
E	L	N	A	G	V	P	U	A	B	Y	J	E	X	J	A
X	X	F	I	X	Y	H	T	R	U	O	S	N	S	B	R
G	O	L	F	P	L	A	T	Z	F	E	K	N	C	O	D
B	A	S	E	B	A	L	L	Z	H	E	R	I	A	X	E
D	D	N	E	Y	F	B	S	C	M	A	N	S	M	S	N
K	R	X	C	C	D	Z	S	F	M	W	L	P	P	C	P
F	O	W	W	Z	R	C	J	I	K	M	L	L	I	H	E
F	E	N	E	M	M	A	W	H	C	S	A	A	N	E	W
R	L	O	S	R	E	E	S	T	O	L	B	T	G	M	B
D	E	I	U	C	P	T	S	U	V	B	Y	Z	S	A	A
A	N	M	B	B	H	R	E	L	A	X	E	N	P	G	S
U	D	X	S	Z	V	T	J	J	T	C	L	F	L	A	K
T	W	R	S	K	K	H	D	Z	M	W	L	M	A	R	E
G	G	V	U	N	R	M	A	Y	P	X	O	V	Z	X	T
Y	H	P	F	W	E	I	E	R	E	N	V	B	K	J	E

KONSCHT
BASEBALL
BASKET
BOX
FUSSBUS
CAMPINGSPLAZ
WEIEREN
GARDEN
GOLFPLATZ
DAUER
SCHWAMMEN
VOLLEYBALL
SCHEMA
RELAXEN
SURFEN
TENNISPLATZ
REES

88 - Tecnologia

Z	C	G	B	E	H	A	I	A	J	O	R	R	U	M	É
J	C	O	M	X	M	O	R	Q	B	C	Q	E	W	K	C
Q	U	L	M	A	X	E	M	V	Q	I	E	W	B	Z	R
X	R	B	N	P	Q	Z	M	E	T	A	D	X	D	Z	A
S	S	I	P	S	U	R	I	V	P	X	B	D	E	L	N
O	O	X	T	W	B	T	D	H	A	A	R	E	M	A	K
F	R	D	Y	C	R	Z	E	T	Y	B	G	K	I	T	C
T	V	A	D	H	O	S	G	R	R	O	O	E	A	I	B
W	R	T	Z	D	W	I	N	T	E	R	N	E	T	G	G
A	N	E	K	R	S	E	O	V	I	C	A	N	U	I	L
R	U	I	T	U	E	M	E	H	U	Y	G	K	D	D	A
E	B	J	B	P	R	S	É	C	H	E	R	H	E	E	T
S	T	A	T	I	S	T	I	K	T	X	Z	B	R	C	A
C	J	B	D	W	B	A	Q	V	P	F	Q	Z	Z	Y	P
L	A	H	I	R	F	N	I	U	U	B	A	S	R	L	N
M	U	U	V	H	Y	V	K	G	K	Z	F	V	J	L	X

BLOG
BROWSER
BYTE
COMPUTER
CURSOR
DATE
DIGITAL
DATEI
INTERNET
HOMEPAGE.
ÉCRAN
SÉCHERHEET
SOFTWARE
STATISTIK
KAMERA
MEI
VIRUS

89 - Meteo

T	X	T	B	U	O	G	M	E	Q	X	N	S	A	M	T
R	R	O	D	L	E	M	M	I	H	W	I	T	T	O	E
O	R	R	A	S	Ë	N	I	W	W	E	L	U	M	N	M
P	L	N	Ä	I	S	T	H	C	Ë	R	D	R	O	S	P
I	C	A	M	I	L	K	T	H	N	E	N	M	S	U	E
S	E	D	K	B	W	U	B	Q	K	N	A	F	F	N	R
K	W	O	R	E	E	B	O	U	H	N	W	L	Ä	Q	A
M	D	O	X	A	N	A	Y	E	H	O	U	H	R	J	T
L	D	U	L	H	L	O	K	W	T	D	Z	R	H	L	U
Q	O	Q	I	K	Z	O	G	R	B	T	J	T	U	D	R
L	E	J	J	S	E	Z	P	W	D	Q	L	B	R	N	L
A	Q	P	V	A	T	N	E	Q	Ü	S	X	D	R	A	G
U	Z	V	K	Q	E	A	G	Q	R	L	E	S	I	R	B
T	T	G	M	D	O	H	Q	K	R	Z	R	I	C	Z	K
S	B	A	C	T	M	H	B	J	E	N	R	A	A	E	Y
Z	S	P	T	A	E	C	T	D	X	B	C	X	N	X	R

REEBOU
DRËCHT
ATMOSFÄR
BRISE
HIMMEL
KLIMA
BLËTT
ÄIS
MONSUN
NIWWEL
WOLKEN
POLAR
DÜRRE
TEMPERATUR
STURM
TORNADO
TROPISK
DONNER
HURRICAN
WAND

90 - Corpo Umano

K	N	H	H	P	N	Y	Y	S	Z	O	R	A	O	U	H
K	S	Q	L	G	E	Y	H	T	U	L	B	F	G	A	A
L	K	X	W	J	U	V	O	U	E	R	G	L	E	H	L
R	P	F	U	G	S	L	M	A	T	K	D	V	H	H	S
M	Z	F	S	U	K	N	N	H	I	B	J	F	I	K	P
N	V	E	L	P	M	C	T	U	O	B	E	L	E	I	G
H	Ä	R	Z	Q	L	E	I	V	M	K	E	E	R	G	N
P	L	V	K	Ë	N	N	F	Y	O	K	N	I	E	N	L
X	D	X	A	P	U	X	M	L	N	R	C	B	W	O	S
Y	E	B	E	P	U	F	U	P	D	X	O	S	Z	H	I
F	H	C	C	P	P	A	K	Q	N	Z	H	S	K	T	T
D	A	M	W	D	U	N	D	J	A	E	B	Z	D	X	L
A	R	N	K	O	E	K	C	T	H	C	I	S	E	G	Z
Z	G	W	G	P	R	E	L	L	O	H	C	S	Y	Q	J
W	N	X	E	E	Z	E	X	S	D	D	T	C	L	V	K
U	R	T	E	O	R	L	O	V	S	S	O	U	X	H	D

MOND
ANKEEL
GEHIER
HALS
HÄRZ
FANGER
GESICHT
BEE
KNIE
IELEBOU
HAND
KËNN
NEUS
OUER
HAUT
BLUT
SCHOLLER
MO
KAPP

91 - Mammiferi

J	Z	F	Y	J	C	F	D	R	E	Ä	P	B	H	E	Q
D	P	P	V	F	G	E	E	G	N	L	Z	S	C	X	T
G	R	W	X	A	L	L	I	R	O	G	S	L	W	N	A
P	I	Z	D	Q	G	D	E	Y	S	H	L	O	Z	G	G
V	Y	R	Z	Z	T	E	R	S	I	Z	B	X	E	C	K
R	T	Z	A	K	N	L	A	W	H	W	T	T	B	C	K
B	U	L	L	F	A	P	P	P	P	Q	J	T	R	S	V
S	B	U	K	D	F	H	U	Z	Y	D	V	G	A	Q	P
C	L	V	K	L	E	I	T	U	F	P	N	E	M	J	K
K	B	Y	O	G	L	N	A	Q	K	Q	Q	V	S	W	D
W	K	B	J	C	E	T	O	J	O	K	D	O	T	X	T
Y	P	A	S	E	G	E	B	Ä	R	E	N	W	L	I	H
G	X	Y	C	H	X	U	L	K	W	S	O	U	O	A	Q
N	I	Z	H	V	C	H	B	A	L	M	H	O	K	L	M
S	O	A	A	Y	Y	U	C	O	A	E	N	L	Z	E	F
Y	S	D	F	G	Z	X	F	K	Ä	N	G	U	R	U	V

WAL
HOND
KÄNGURU
PÄERD
DEIER
HUET
KOJOTE
DELPHIN
ELEFANT
KAZ
GIRAFF
GORILLA
LOUW
WOLF
GEBÄREN
SCHAF
AF
BULL
FUCHS
ZEBRA

92 - Cucina

C	W	M	U	Q	R	B	S	K	Y	S	G	R	M	Z	Z
U	N	R	J	S	Z	G	T	A	R	W	L	D	T	U	B
C	K	W	M	C	E	S	Ä	L	N	O	P	E	G	L	B
G	T	E	R	H	N	C	B	M	K	J	U	F	X	O	D
S	Y	I	E	O	D	H	C	L	A	L	C	W	O	I	J
B	X	J	S	R	H	W	H	R	S	T	Y	O	U	R	M
V	Y	C	C	T	F	A	E	F	R	I	E	Z	E	R	K
I	A	Y	H	Y	Z	M	N	E	H	C	S	Ë	L	C	N
P	U	W	T	Q	J	Z	E	Y	F	R	D	M	E	S	R
G	R	I	L	L	N	H	F	D	E	F	P	O	T	E	W
H	M	U	R	D	L	U	O	H	C	S	J	V	T	R	V
A	D	Z	Z	C	Y	G	K	H	Q	K	H	U	E	V	Z
V	C	C	Q	D	H	D	C	I	H	P	W	I	K	I	O
M	E	S	S	E	R	H	A	K	L	P	A	P	E	C	F
F	R	I	G	O	E	N	B	F	B	V	F	N	S	E	M
A	E	W	J	B	C	S	K	W	R	A	I	R	K	S	G

STÄBCHEN
KETTEL
KROU
MAT
SCHOUL
MESSER
FRIEZER
LËSCHEN
FORK

BACKOFEN
FRIGOEN
SCHORT
GRILL
RESCHT
RZEN
SCHWAMZ
CUP
SERVICE

93 - Giardinaggio

O	C	Q	O	E	M	E	Y	U	K	P	V	B	X	H	Z
S	R	D	S	H	F	O	W	J	R	C	L	L	H	A	T
U	E	C	M	G	A	Q	X	O	N	E	B	M	F	R	U
U	K	T	H	P	B	J	B	Q	N	S	Z	Ä	R	E	M
M	W	I	V	A	Z	S	H	K	X	Y	Y	Q	E	S	H
R	A	O	U	X	R	F	H	N	U	W	E	K	N	S	C
X	D	Z	Y	R	F	D	J	A	E	T	A	R	I	A	S
J	U	X	N	S	J	L	T	P	A	O	B	A	A	A	C
S	S	U	A	R	T	S	N	E	M	U	L	B	T	W	H
E	E	K	Z	A	U	K	I	G	I	B	A	S	N	R	A
E	R	K	O	M	P	O	S	T	L	L	I	S	O	T	U
D	B	L	Ë	T	T	G	X	I	K	A	Y	E	C	W	C
S	S	A	I	S	O	N	A	L	T	T	E	K	M	Y	H
L	Z	A	K	A	A	L	C	H	S	O	R	C	M	B	I
S	L	B	L	É	I	E	B	R	D	E	X	E	L	R	O
F	I	I	C	H	T	E	G	K	E	E	T	E	L	E	L

WAASSER
ZÄRE
KLIMA
ESSBAR
KOMPOST
CONTAINER
EXOTISK
BLÉI
BLAT
BLËTT
ORCHARD
BLUMENSTRAUSS
SEEDS
SCHMUTZ
SAISONAL
SCHAUCH
FIICHTEGKEET

94 - Universo

P	B	A	B	A	S	O	N	N	E	N	W	E	N	D	E
Z	C	S	L	R	T	I	B	R	O	K	A	L	A	T	F
L	P	T	X	A	E	M	Q	M	Y	A	G	T	S	Z	S
T	N	R	S	L	I	E	O	Q	H	K	Q	Y	T	I	J
T	T	O	B	O	R	A	D	S	J	R	K	R	R	R	A
R	N	N	I	S	E	G	K	E	F	H	W	X	O	Ä	Y
T	N	O	Z	I	R	O	H	O	G	Ä	E	P	N	H	X
G	L	M	M	O	U	N	T	L	S	R	R	E	O	P	H
N	C	G	D	V	H	K	K	L	L	M	A	Z	M	S	T
Ä	D	Ä	I	S	C	H	T	E	R	T	I	D	I	I	E
L	Y	Z	O	I	D	F	V	M	F	K	W	S	E	M	L
E	B	N	R	X	A	B	G	I	R	J	F	N	C	E	E
M	K	K	E	O	V	E	D	H	T	B	J	F	Q	H	S
M	Q	W	T	T	I	E	R	K	R	E	I	S	T	H	K
I	D	R	S	S	Y	B	D	V	Z	H	B	I	W	R	O
H	Y	X	A	L	A	G	P	Q	D	U	N	J	S	L	P

ASTEROID
ASTRONOMIE
ASTRONOM.
ATMOSFÄR
DÄISCHTERT
HIMELL
HIMMEL
KOSMISCH
HEMISPHÄR
GALAXY
BREEDEGRAD
LÄNGT
MOUNT
ORBIT
HORIZONT
SOLAR
SONNENWENDE
TELESKOP
GESINN
TIERKREIS

95 - Jazz

Q	O	A	S	U	E	U	Y	D	R	U	M	U	B	L	A
J	R	J	P	G	C	I	J	E	C	L	G	B	G	K	K
M	F	I	S	U	W	E	Y	N	J	K	A	D	Y	B	Y
Q	O	M	D	T	W	D	B	E	T	O	N	D	Z	E	Y
L	X	S	U	M	H	T	Y	H	R	R	E	I	E	R	P
H	F	Y	V	T	S	Z	T	K	E	K	T	O	Y	U	O
D	N	R	T	V	I	K	H	P	C	K	I	S	U	M	R
Z	R	E	S	D	J	Y	G	D	N	I	R	D	Z	T	C
S	X	L	I	Y	O	O	S	L	O	P	O	J	F	N	H
X	R	T	N	N	V	L	H	A	C	T	V	B	W	E	E
Q	P	H	O	X	G	I	I	M	P	E	A	W	Q	L	S
W	U	C	P	O	R	T	E	D	Q	K	F	F	A	A	T
W	C	S	M	T	A	S	I	C	D	N	F	U	G	T	E
X	L	N	O	B	C	Z	I	Y	Z	I	Y	I	G	W	R
K	R	Ë	K	W	T	O	F	R	A	K	E	I	M	U	X
N	Z	K	S	B	B	E	O	R	L	K	Y	A	L	U	O

ALBUM
KËNSCHTLER
DRUM
LIDD
KOMPONIST.
CONCERT
BETON
BERUMT
MUSIK
NEI
ORCHESTER
FAVORITEN
RHYTHMUS
STIL
TALENT
TEKNIKK
AL

96 - Vacanze #2

N	F	R	É	I	S	C	H	T	S	H	S	W	M	F	J
P	A	S	S	X	I	E	X	F	K	N	W	E	Q	L	M
H	S	A	D	E	E	K	L	T	T	B	F	Z	T	U	H
I	I	X	Y	P	R	C	Z	H	R	R	P	P	A	C	H
X	V	N	N	I	E	W	E	R	O	L	L	R	U	H	D
Z	J	H	E	K	A	U	H	K	P	T	O	U	S	H	P
Y	I	Z	Z	B	K	O	D	C	S	S	Q	X	L	A	F
T	C	L	Y	S	Y	A	N	S	N	X	C	M	Ä	F	E
X	S	N	M	L	K	J	A	E	A	O	U	I	N	E	E
N	C	D	K	X	S	X	C	R	R	I	V	E	N	N	D
B	X	S	U	T	Z	D	L	E	T	O	H	R	E	D	F
Z	A	L	P	S	G	N	I	P	M	A	C	I	R	W	Q
W	E	F	I	T	I	A	W	N	R	Z	U	N	U	C	Y
M	O	L	Q	P	N	R	T	Y	H	D	Z	S	K	G	V
E	E	X	T	H	Q	T	M	B	K	V	E	E	D	L	E
Q	J	J	Z	D	D	S	P	L	Y	R	D	L	U	X	I

FLUCHHAFEN
CAMPINGSPLAZ
ZIL
HOTEL
INSEL
KAART
MIER
PASS
STRAND
AUSLÄNNER
NIEWEROLL
FRÉISCHT
ZELT
TRANSPORT
ZUCH
REIS
VISA

97 - Attività

Q	M	G	Z	S	C	H	E	M	A	X	F	E	F	W	L
P	P	A	A	W	E	I	E	R	E	N	Ä	F	R	L	F
W	O	X	G	R	F	Y	L	G	E	N	E	Z	É	C	C
X	Q	I	R	I	D	C	F	J	X	E	G	A	I	L	D
C	N	N	M	E	S	E	O	W	V	Q	K	L	S	R	E
V	F	S	C	I	K	C	N	J	C	J	E	P	C	E	K
E	A	T	W	F	S	R	H	E	F	D	E	S	H	L	F
N	Ä	H	X	A	S	L	E	W	H	L	T	G	T	A	L
M	A	I	Z	R	Z	Z	Z	I	I	F	H	N	V	X	E
E	X	K	L	G	L	O	S	Q	W	K	C	I	D	A	I
P	Z	N	Q	O	J	A	C	H	T	D	S	P	O	T	S
O	H	D	Y	T	P	J	N	Y	J	E	N	M	S	I	T
M	F	C	H	O	S	P	Y	I	H	Z	O	A	P	O	C
K	Q	Z	D	F	Y	V	F	W	I	W	K	C	H	U	W
L	I	E	S	E	N	B	U	M	V	P	V	L	Z	N	C
A	K	T	I	V	I	T	É	I	T	B	G	Y	A	W	V

FÄEGKEET
KONSCHT
HANDWIERKER
AKTIVITÉIT
JACHT
CAMPINGSPLAZ
NÄH
WEIEREN
FOTOGRAFIE
GARDEN
MVP
LIESEN
MAGISCH
SCHEMA
FLEIS
RELAXATIOUN
FRÉISCHT

98 - Diplomazia

P	B	R	T	H	D	S	P	R	O	O	C	H	M	H	Q
Q	E	Q	B	G	N	I	R	E	G	E	R	O	N	Z	K
J	L	T	Z	B	E	Y	S	S	A	B	M	A	K	V	S
O	F	T	V	M	H	M	H	K	B	I	E	R	G	E	R
Y	I	D	E	I	R	K	G	N	U	S	I	É	L	P	O
S	É	C	H	E	R	H	E	E	T	S	T	U	U	T	Z
E	T	H	I	K	K	L	Q	W	S	B	S	G	A	N	U
G	E	M	E	N	G	G	Ë	B	W	G	P	I	F	E	C
P	O	L	I	T	I	K	E	S	F	U	S	W	O	M	X
K	O	N	F	L	I	K	T	T	C	Z	L	F	S	U	P
T	R	A	T	É	I	S	Q	D	H	H	W	N	Z	K	N
C	O	N	S	E	I	L	L	E	R	C	T	W	G	O	C
I	N	T	E	G	R	I	T	É	I	T	E	H	S	D	R
K	O	O	P	E	R	A	T	I	O	U	N	R	G	O	E
D	I	P	L	O	M	A	T	I	S	C	H	S	E	F	P
A	M	B	A	S	S	A	D	E	U	R	G	B	U	G	N

AMBASSY
AMBASSADEUR
BIERGER
GEMENG
KONFLIKT
CONSEILLER
KOOPERATIOUN
DIPLOMATISCH
DISKUSSIOUN
ETHIK
GERECHTEGKEET
REGERING
INTEGRITÉIT
SPROOCH
POLITIK
OPLÉISUNG
SÉCHERHEET
LËSCHT
TRATÉI
DOKUMENT

99 - Forniture Artistiche

A	M	Q	R	J	C	T	H	C	S	Ë	B	S	Y	J	K
G	D	L	C	F	Q	E	A	J	K	Y	J	S	Z	Q	A
N	U	C	O	R	P	B	S	B	R	E	I	M	R	T	M
N	J	P	X	U	X	R	C	G	E	X	M	I	E	L	E
I	E	L	E	F	F	A	T	S	I	L	M	Y	S	L	R
E	M	C	I	T	T	F	K	J	P	Q	U	E	S	U	A
W	U	M	P	A	Y	R	T	N	A	Y	G	W	A	T	R
E	C	T	R	F	B	E	B	T	P	B	R	X	A	R	U
F	Z	B	L	E	I	S	T	I	F	T	E	T	W	K	F
L	U	E	L	E	G	S	T	F	I	J	I	I	Z	H	S
Ë	Q	S	C	Z	A	A	O	Y	J	B	D	N	L	V	X
S	B	A	I	R	G	W	C	V	H	T	A	T	W	H	P
S	A	A	C	R	Y	L	F	M	P	X	R	E	N	C	L
C	C	E	I	C	W	N	P	U	I	D	E	E	N	T	V
K	R	E	A	T	I	V	I	T	É	I	T	V	Y	I	J
W	I	J	Q	C	F	E	N	Q	N	N	I	V	J	O	E

WAASSER
WASSERFARBE
ACRYL
NIEWEFLËSS
PAPIER
STAFFELEI
LEIM
KREATIVITÉIT
RADIERGUMMI
IDEEN
TINTE
BLEISTIFTE
UELEG
HL
BËSCHT
TABEL
KAMERA

100 - Misurazioni

J	T	J	F	B	O	P	S	Q	G	G	T	A	K	Z	C
H	B	Y	T	E	Y	L	H	S	R	E	G	L	I	V	Z
S	Z	R	H	W	U	M	L	E	F	W	W	X	L	W	J
J	F	T	G	K	Z	U	M	R	R	I	P	V	O	T	R
G	D	R	H	L	P	Y	M	N	L	C	C	L	G	W	F
R	R	E	T	E	M	O	L	I	K	H	T	I	R	I	D
A	E	F	Z	B	R	E	E	T	L	T	R	T	A	O	M
M	F	B	W	I	Z	Q	G	W	H	Ä	V	E	M	G	B
M	A	N	E	F	M	W	U	Y	P	S	N	R	M	R	H
U	L	G	P	S	S	A	M	E	S	D	Y	G	G	A	É
C	J	X	A	E	B	G	L	W	U	T	N	L	T	D	I
B	Z	M	D	V	E	C	G	T	T	U	N	I	M	O	C
M	O	G	L	O	R	L	I	F	B	O	O	S	D	N	H
V	L	K	G	Z	E	N	T	I	M	E	T	E	R	Z	T
L	L	N	G	L	T	Q	X	É	H	S	Q	Q	X	X	E
H	O	V	F	P	K	S	H	D	B	L	V	G	U	H	T

HÉICHT
BYTE
ZENTIMETER
KILOGRAMM
KILOMETER
DEZIMAL
GRAD
GRAMM
BREET
LITER
LÄNGT
MASS
MINUTT
ONZ
GEWICHT
ZOLL
DÉIFT
TONN

1 - Scacchi

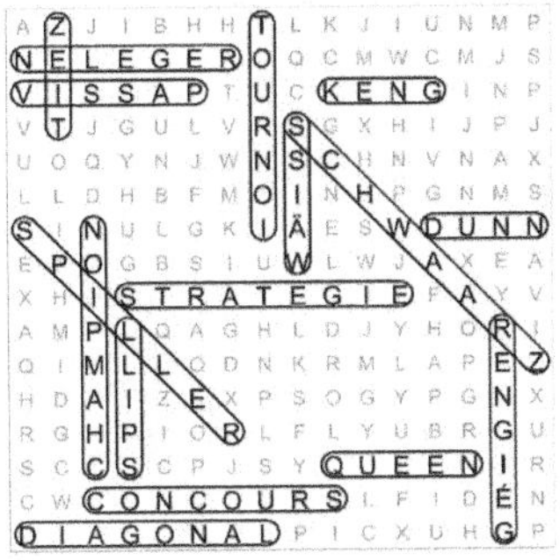

2 - Salute e Benessere #2

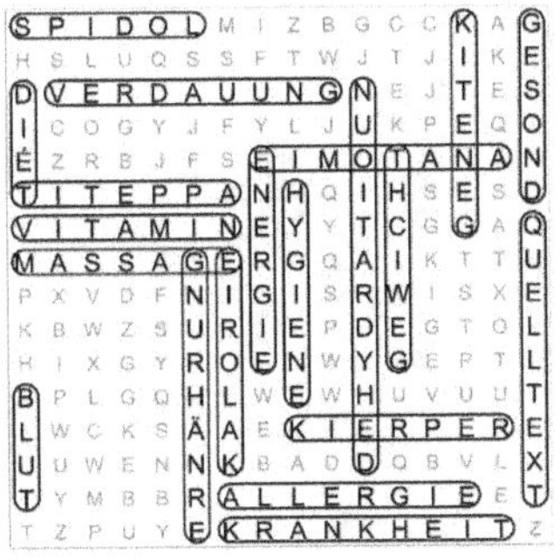

3 - Aggettivi #2

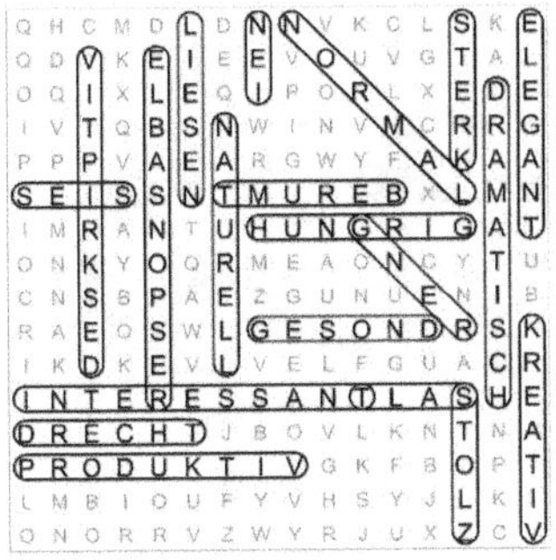

4 - Ingegneria

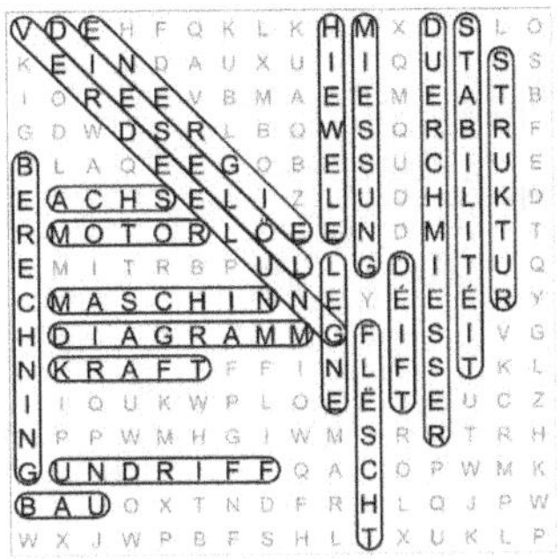

5 - Archeologia

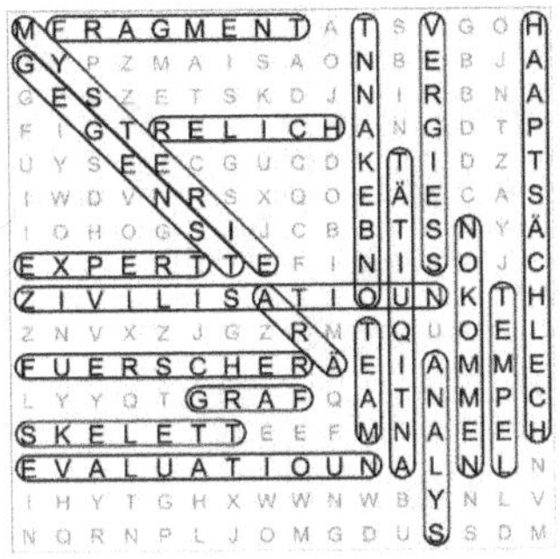

6 - Salute e Benessere #1

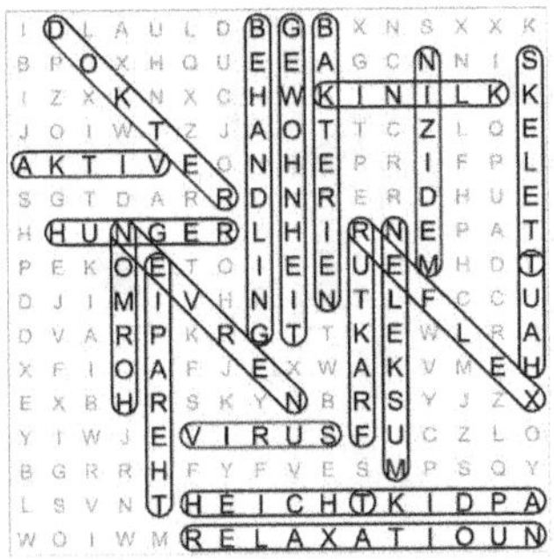

7 - Aggettivi #1

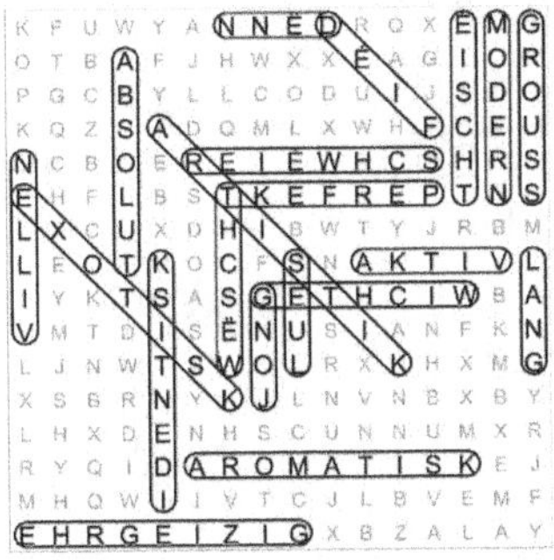

8 - Geologia

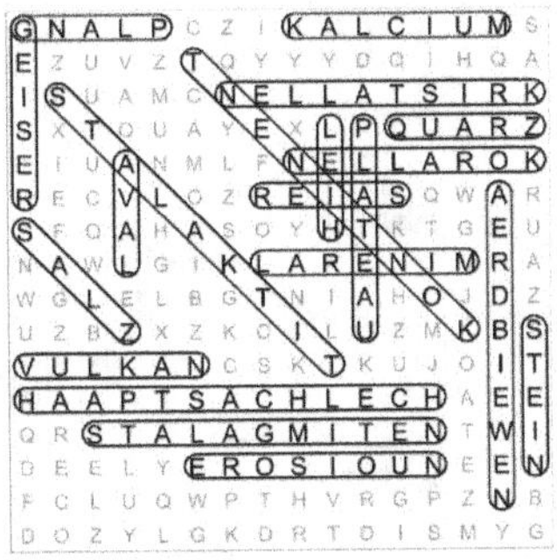

9 - Campeggio

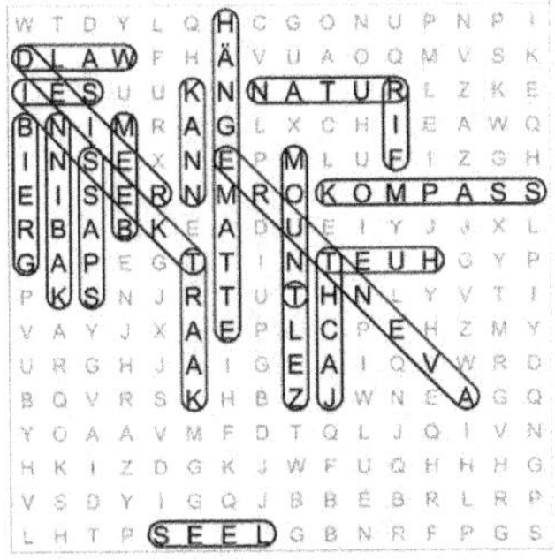

10 - Tempo

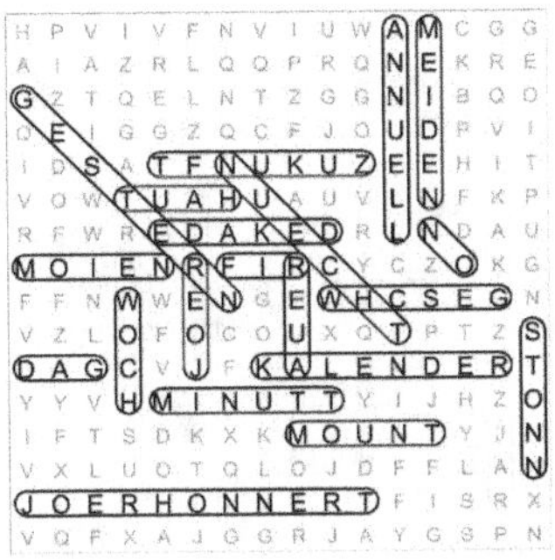

11 - Astronomia

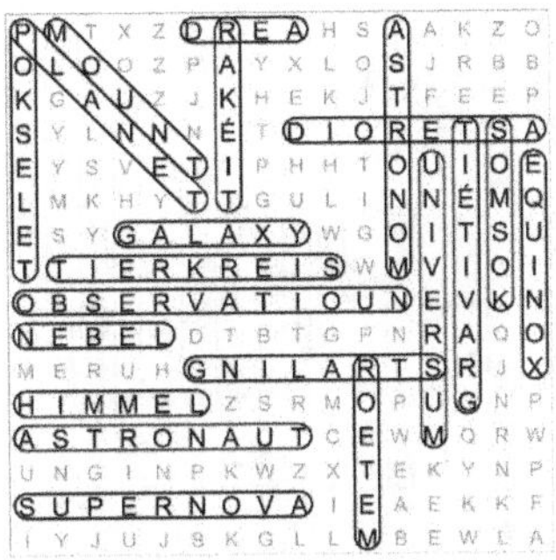

12 - Algebra

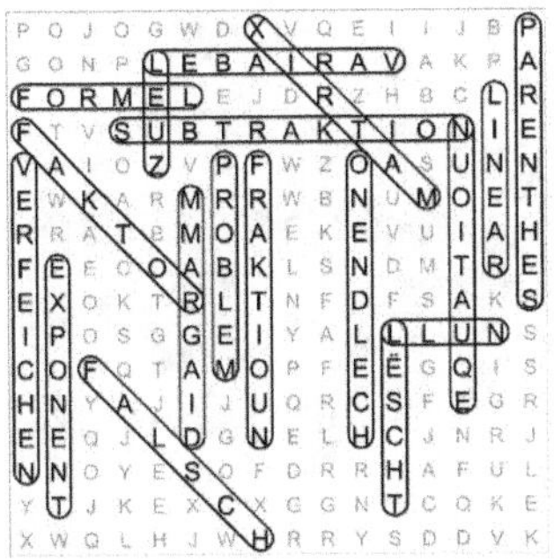

13 - Mitologia

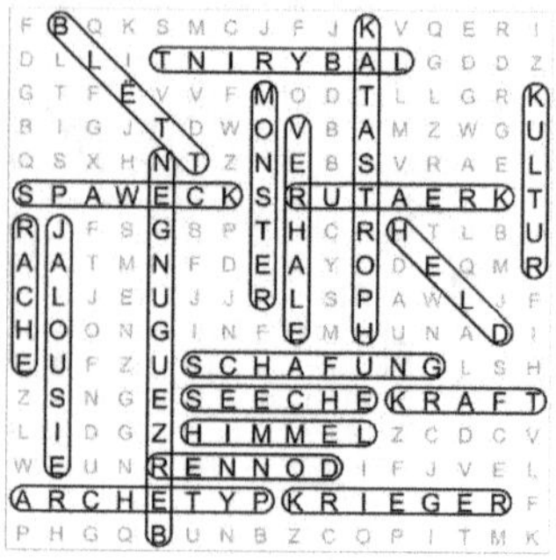

14 - Piante

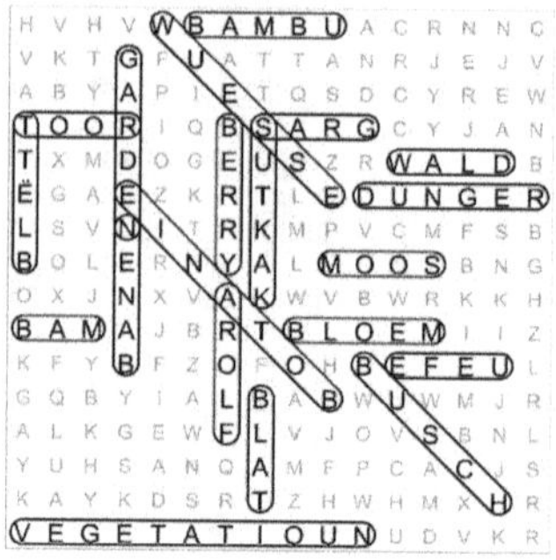

15 - Spezie

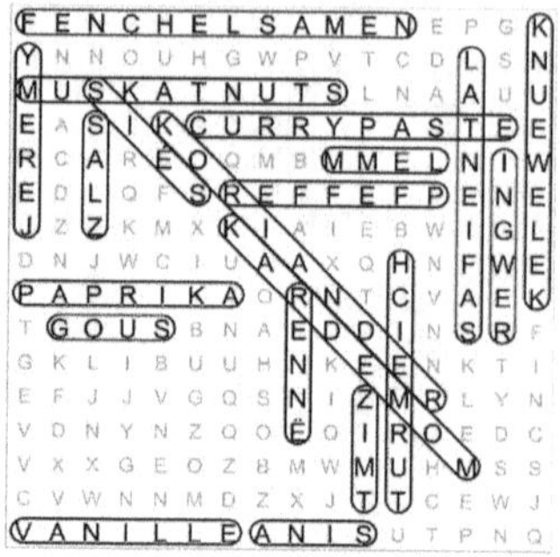

16 - Numeri

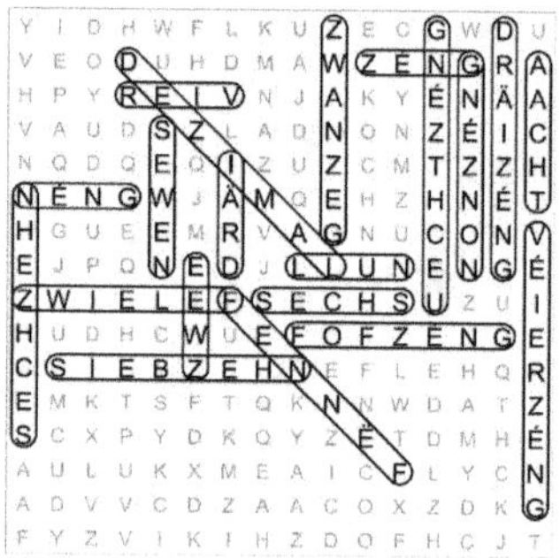

17 - Guida

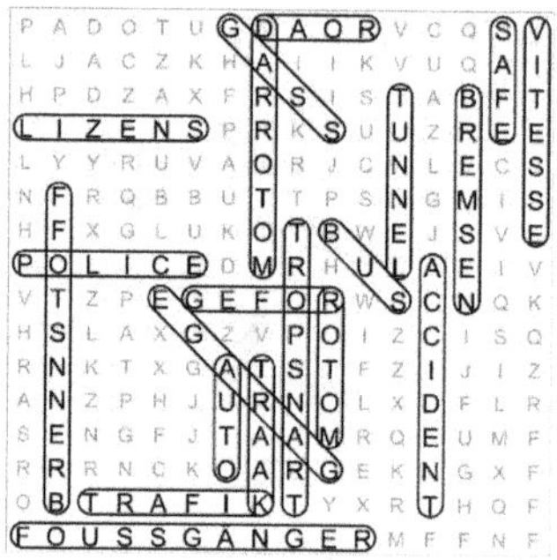

18 - Forza e Gravità

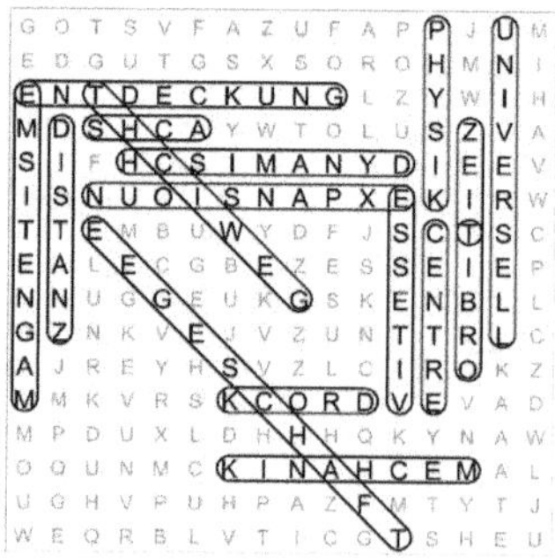

19 - Sport

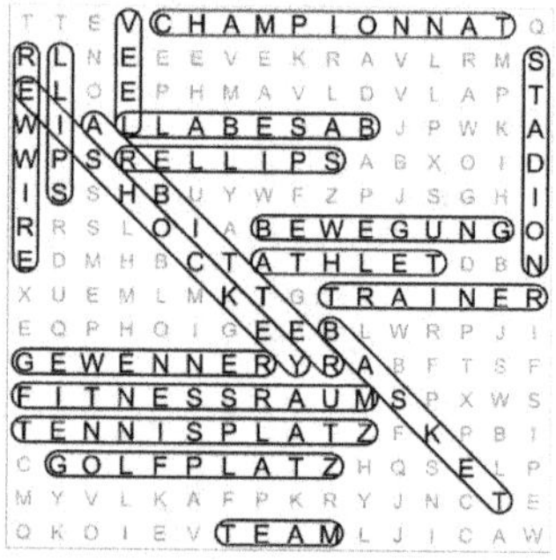

20 - Uccelli

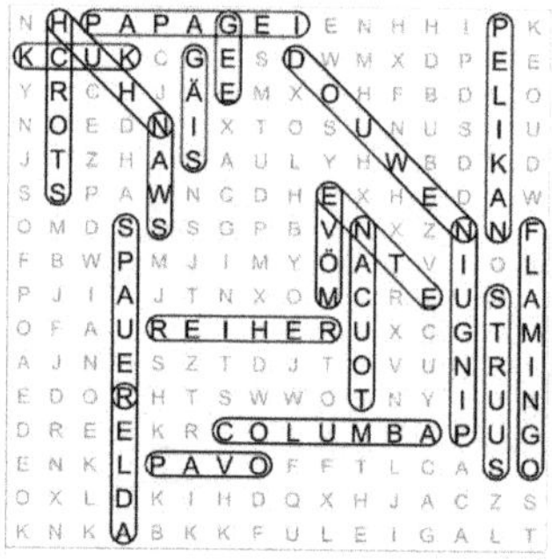

21 - Giorni e Mesi

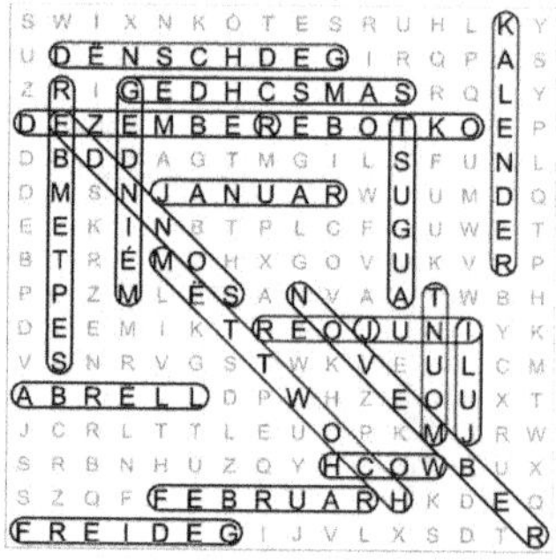

22 - Casa

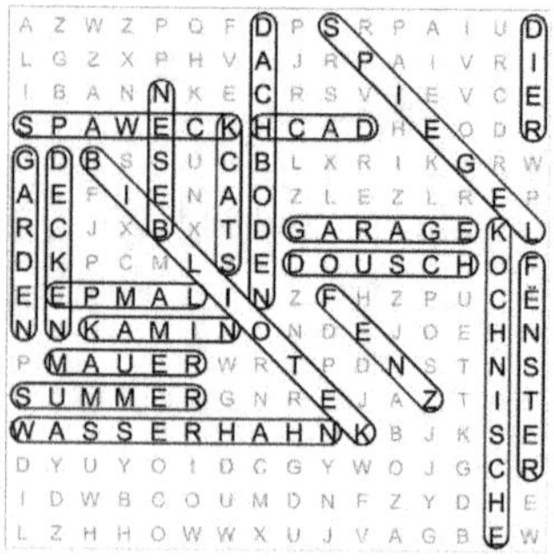

23 - Fantascienza

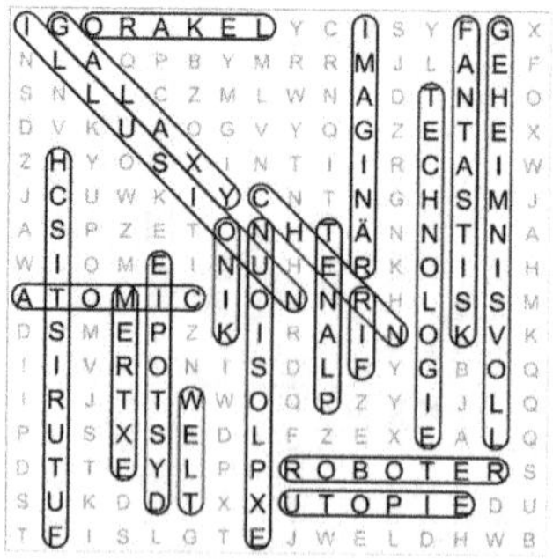

24 - Città

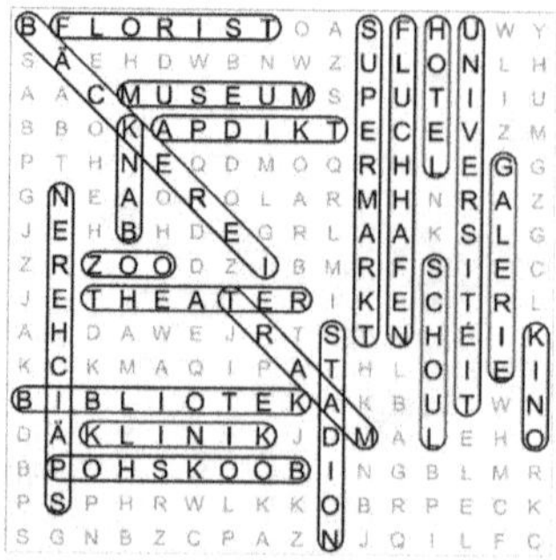

25 - Fattoria #1

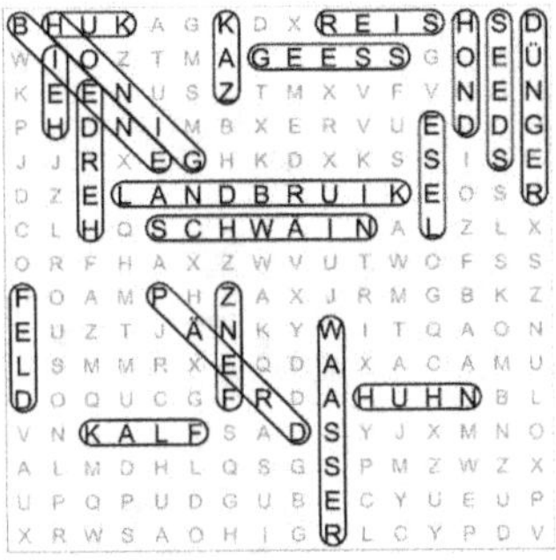

26 - Psicologia

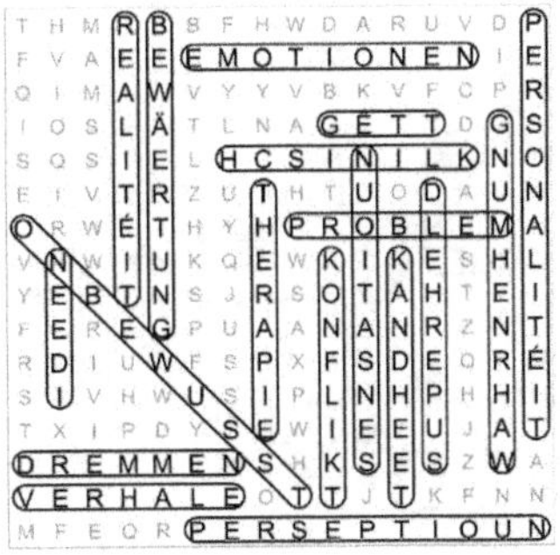

27 - Paesaggi

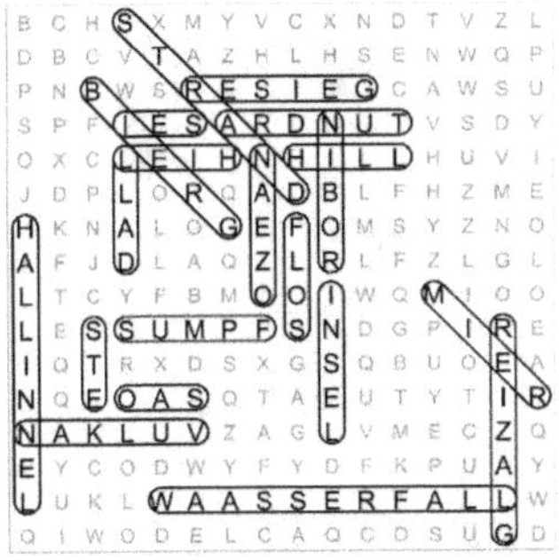

28 - Energia

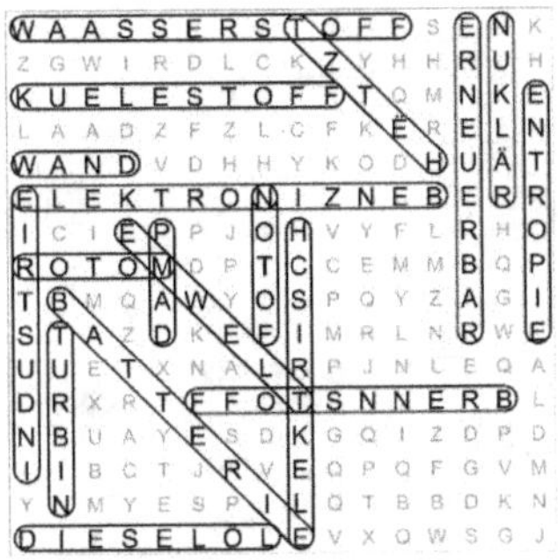

29 - Ristorante #2

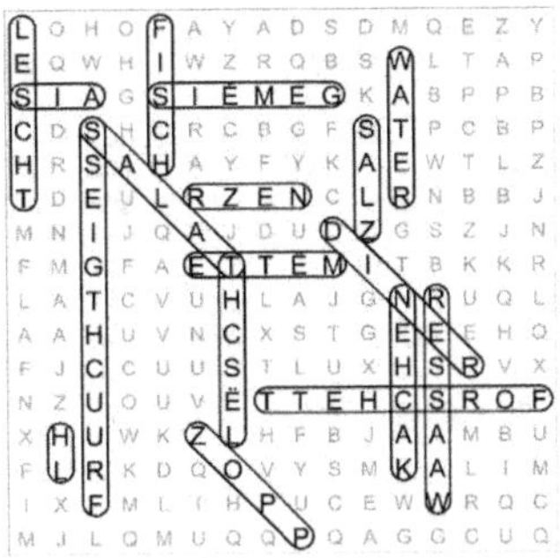

30 - Giardino

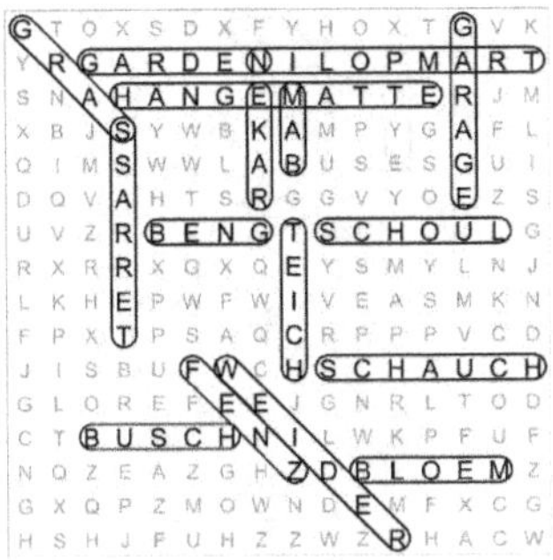

31 - Riscaldamento Gl

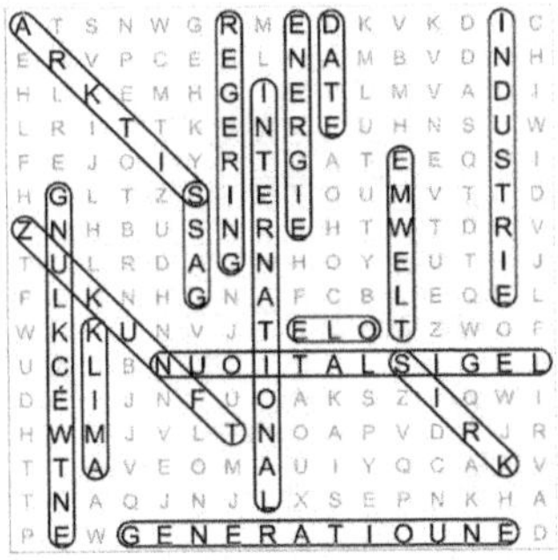

32 - Frutta

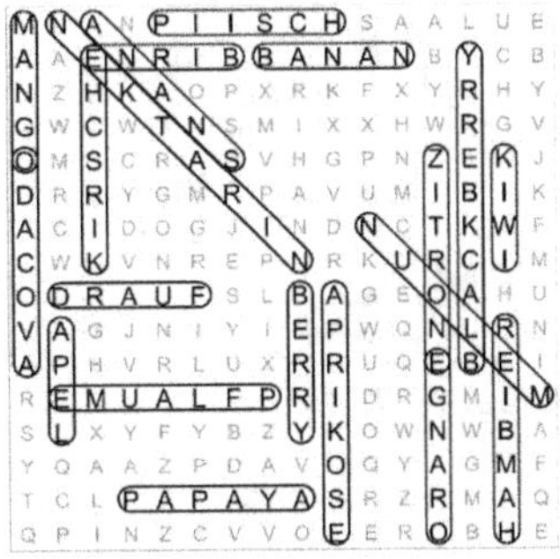

33 - Fattoria #2

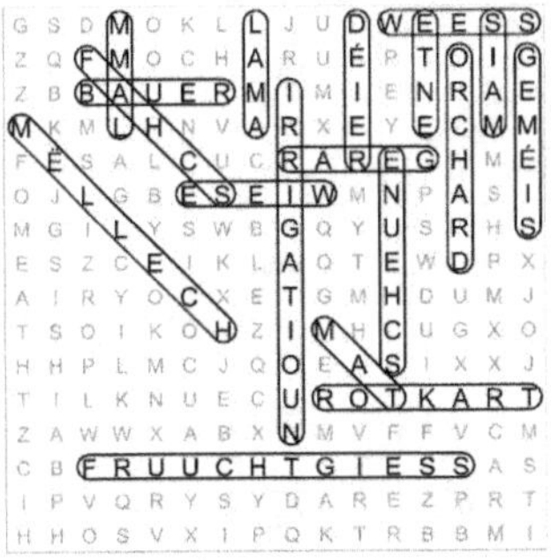

34 - Verdure

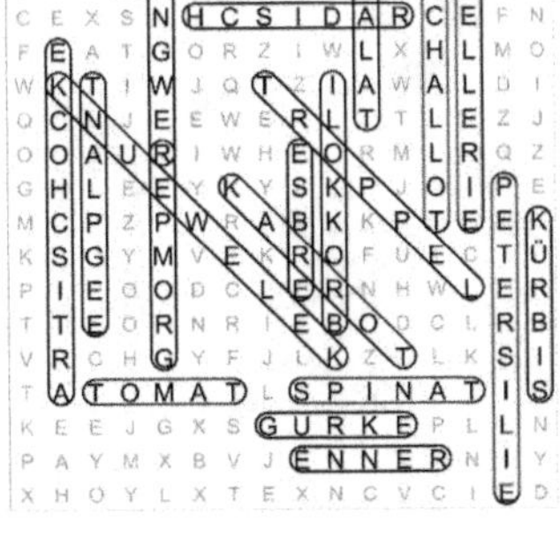

35 - Musica

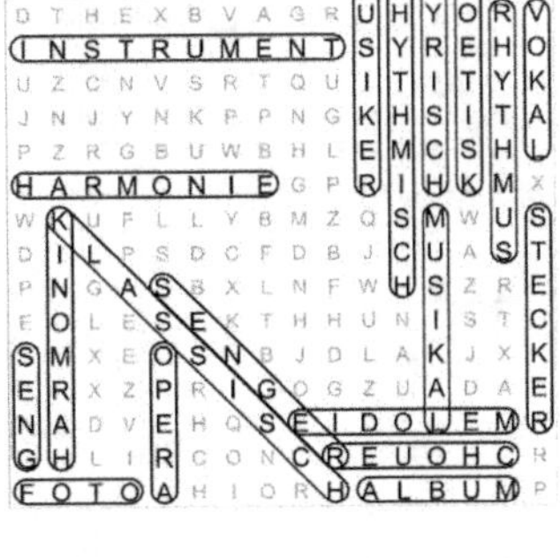

36 - Barbecue

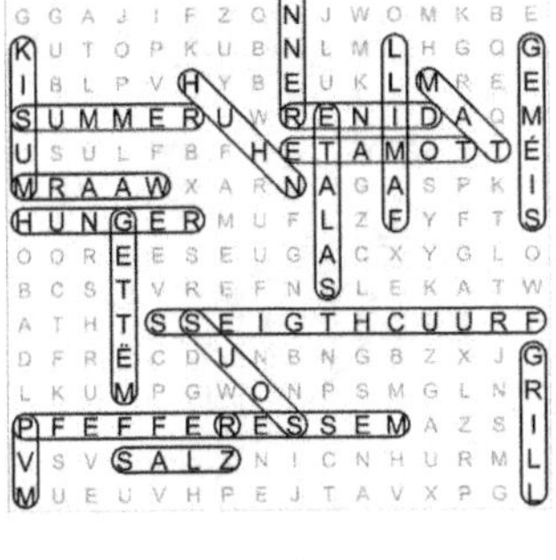

37 - Insetti

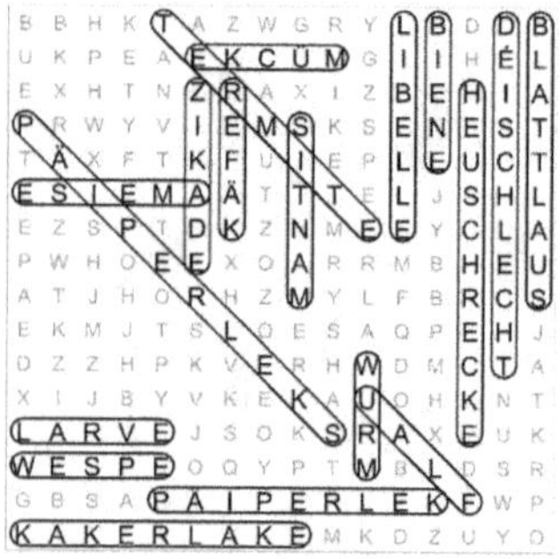

38 - Fisica

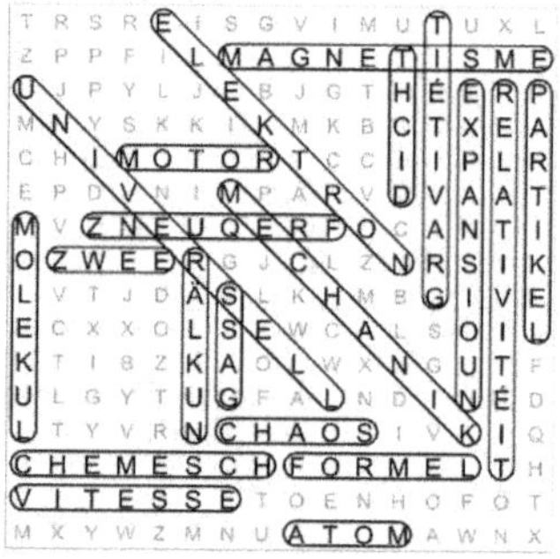

39 - Agronomia

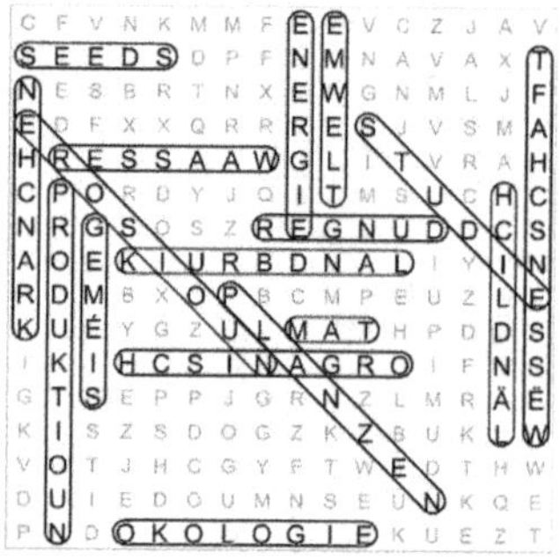

40 - Erboristeria

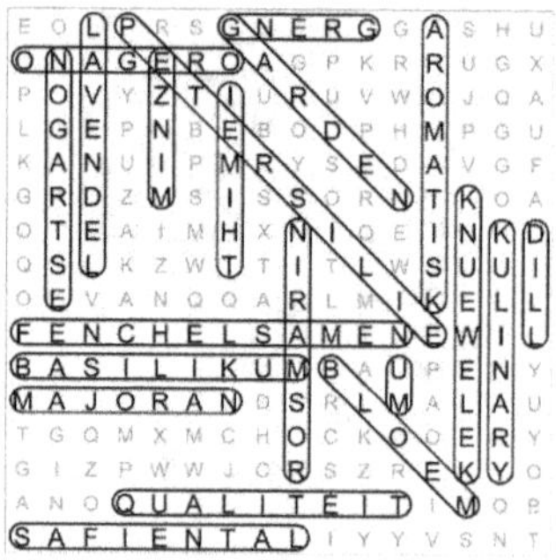

41 - Danza

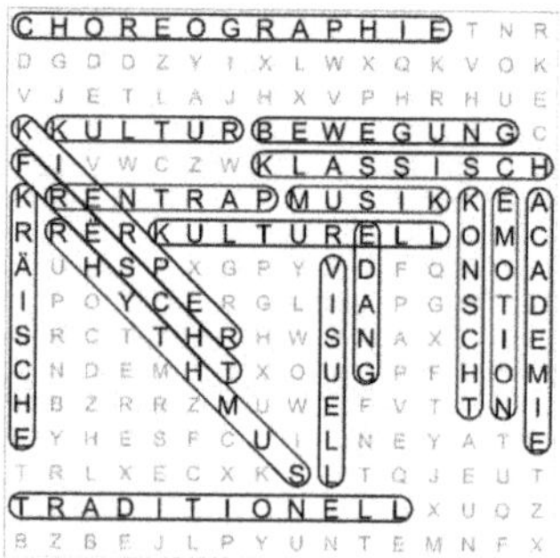

42 - Biologia

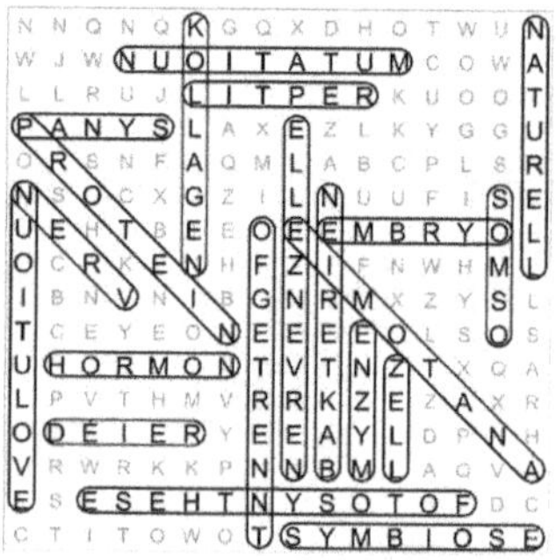

43 - Attività Commerciale

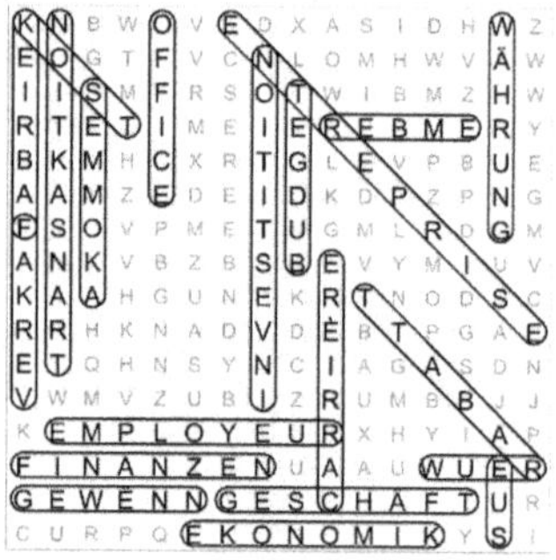

44 - Fiori

45 - Discipline Scientifiche

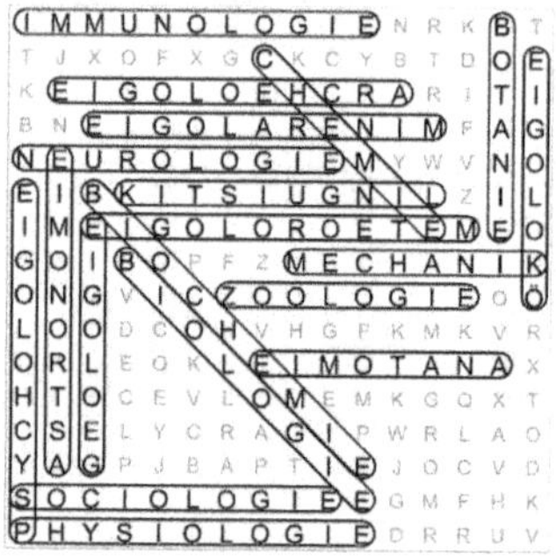

46 - Scienza

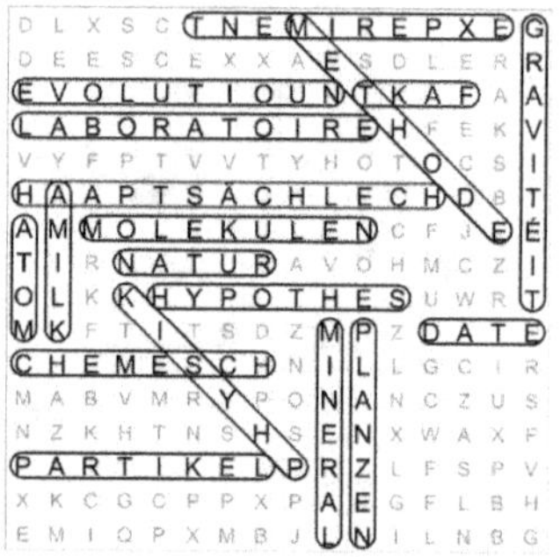

47 - Acqua

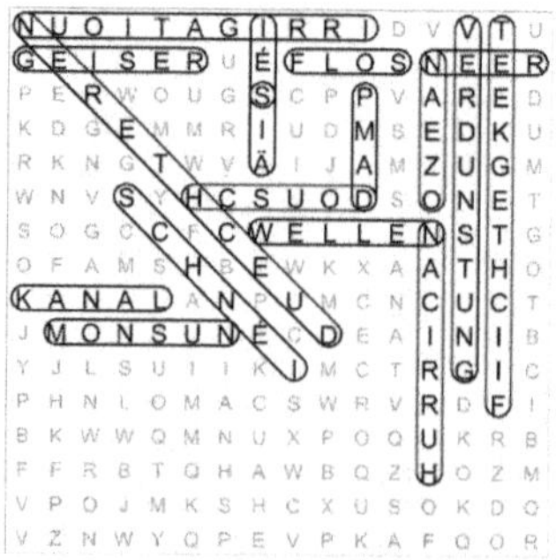

48 - Boxe

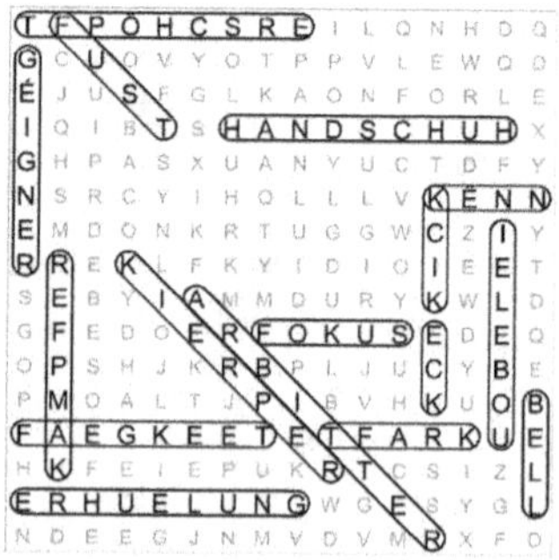

49 - Imbarcazioni

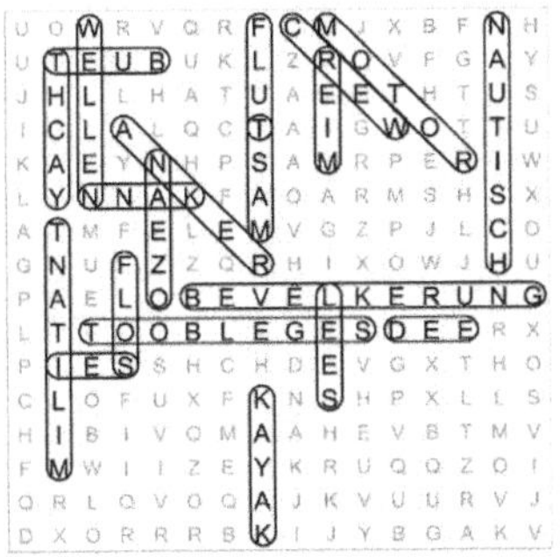

50 - Chimica

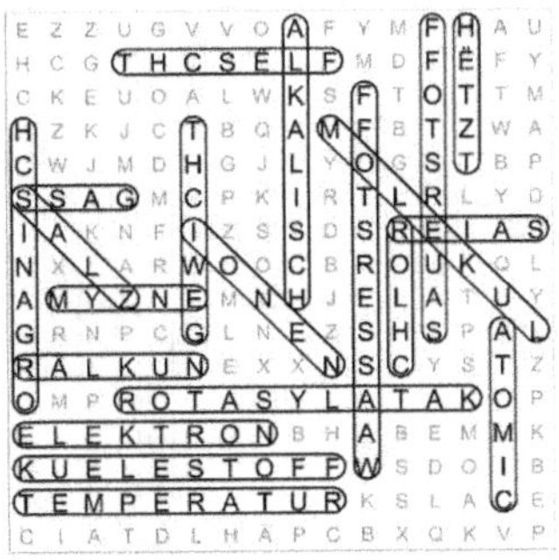

51 - Api

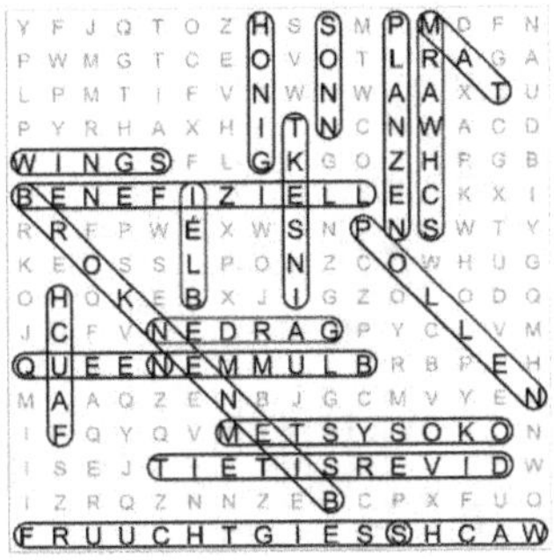

52 - Strumenti Musicali

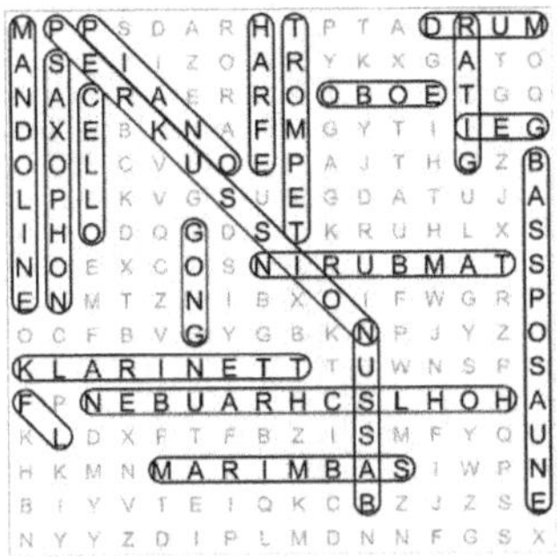

53 - Professioni #2

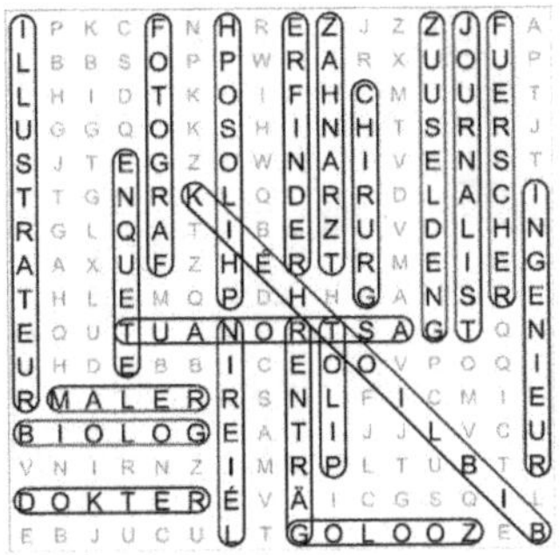

54 - Letteratura

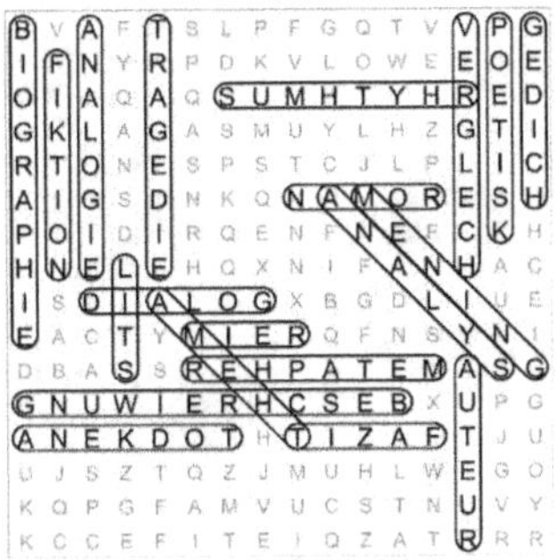

55 - Cibo #2

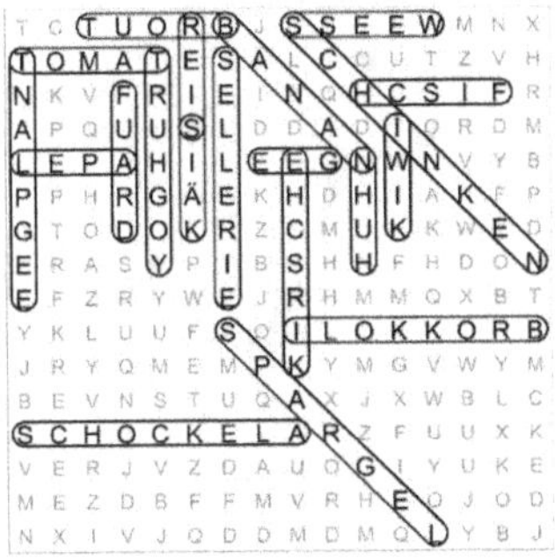

56 - Nutrizione

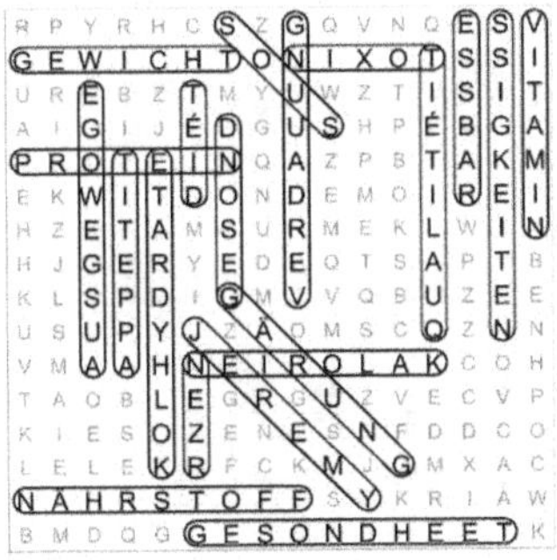

57 - Bagno

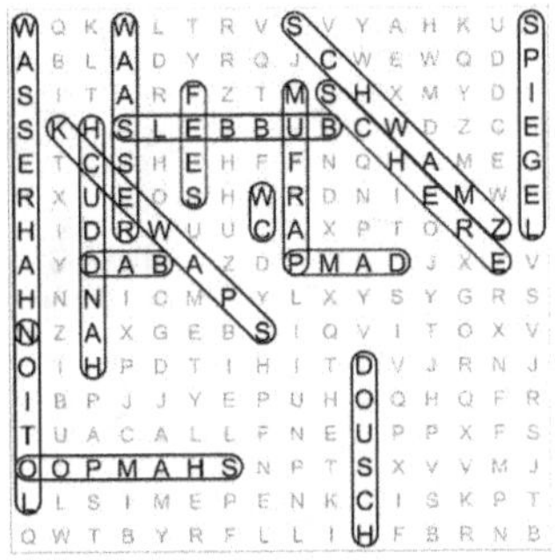

58 - Meditazione

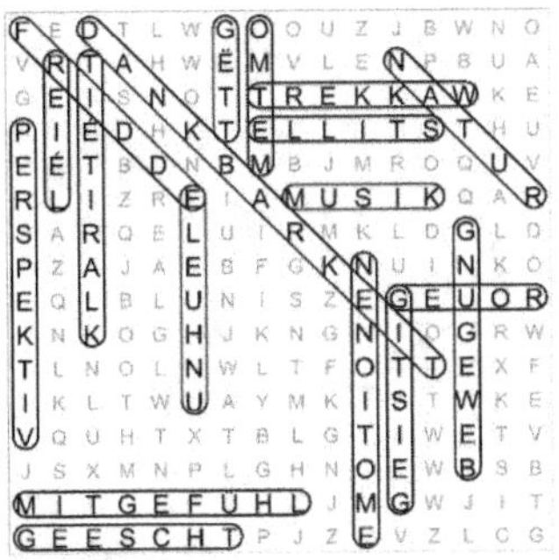

59 - Antiquariato

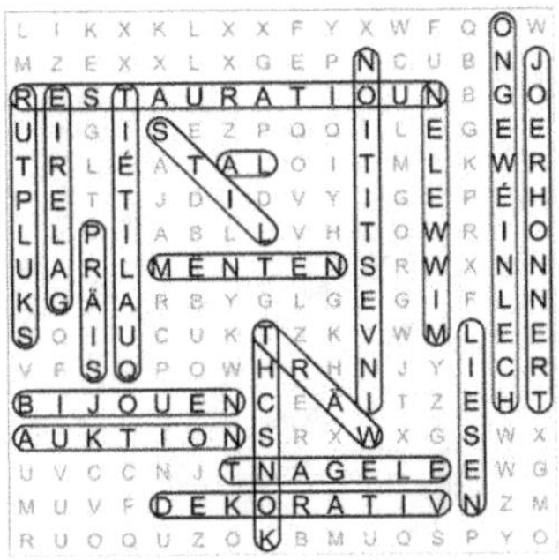

60 - Escursionismo

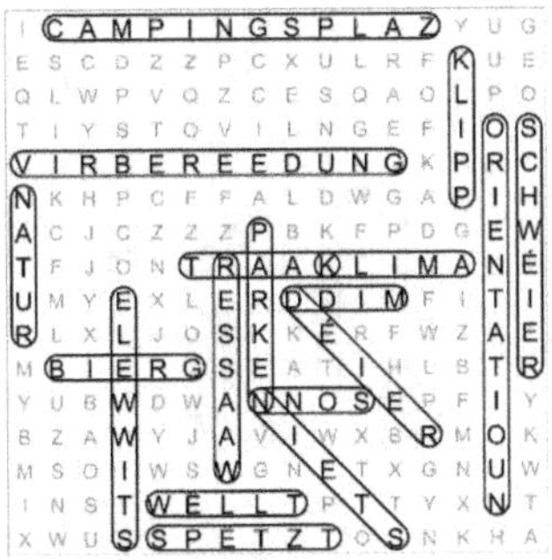

61 - Professioni #1

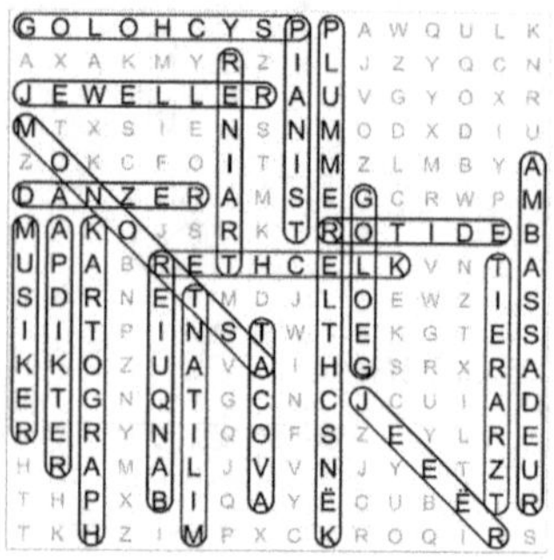

62 - Antartide

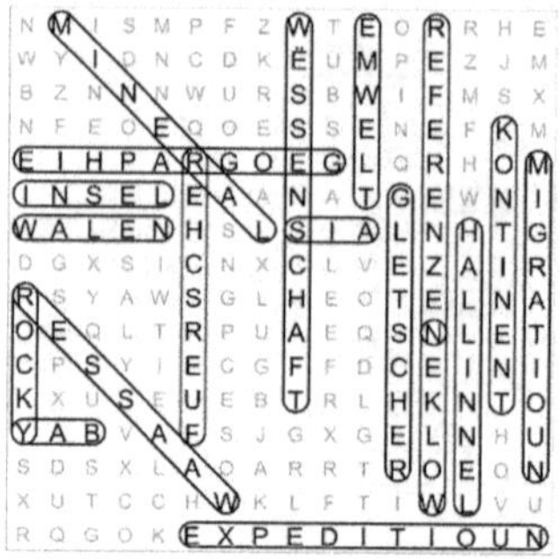

63 - Libri

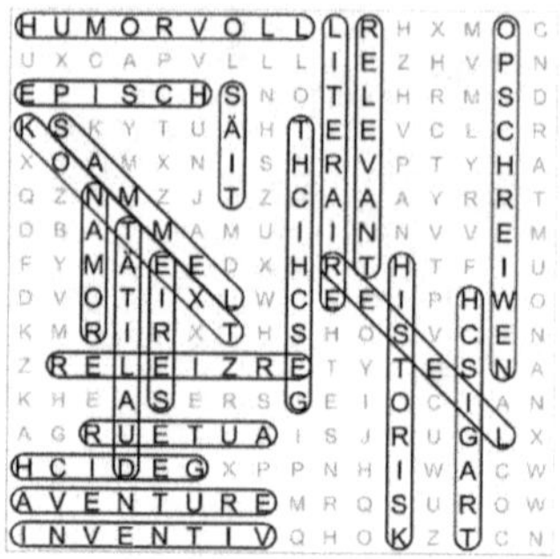

64 - Geografia

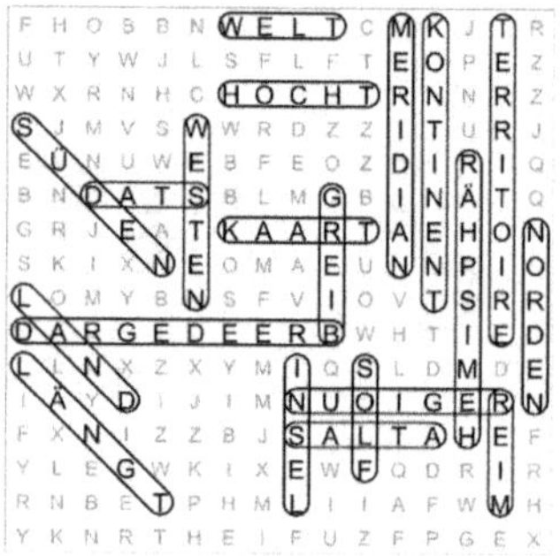

65 - Cibo #1

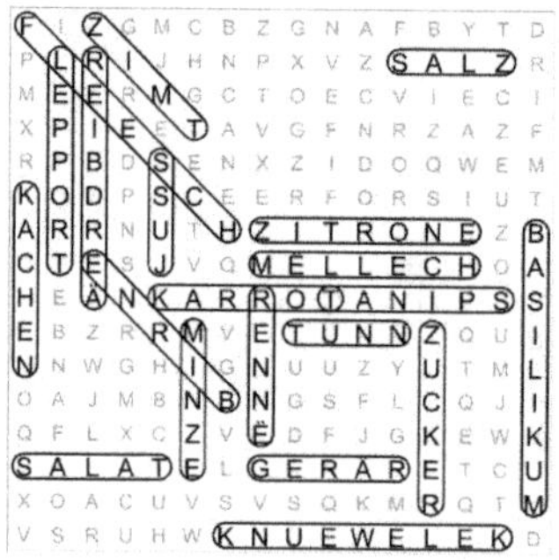

66 - Etica

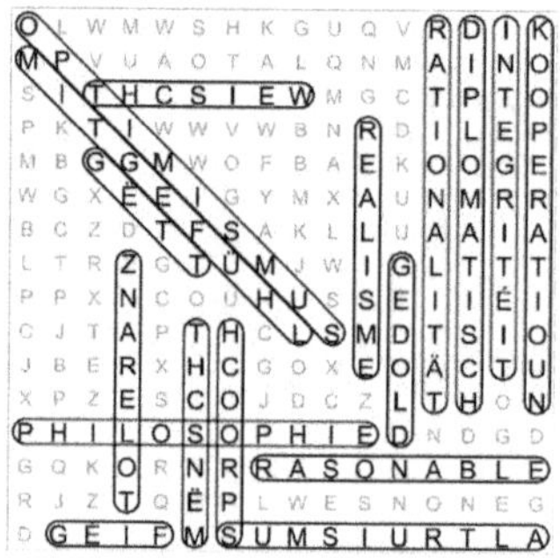

67 - Aeroplani

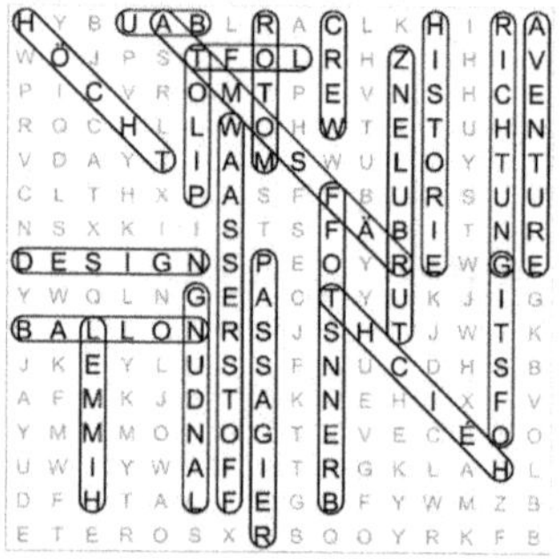

68 - Governo

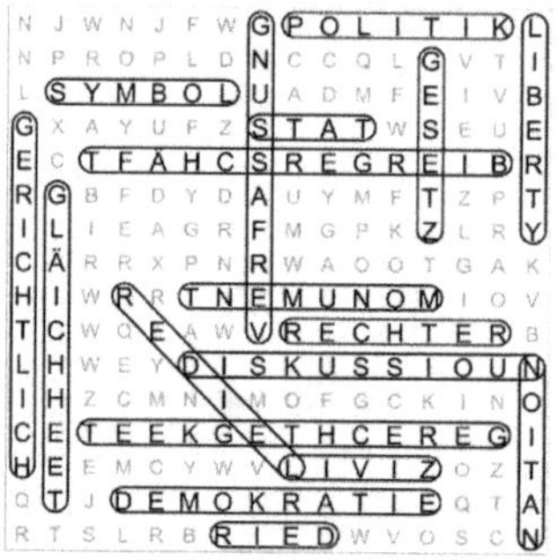

69 - Spiaggia

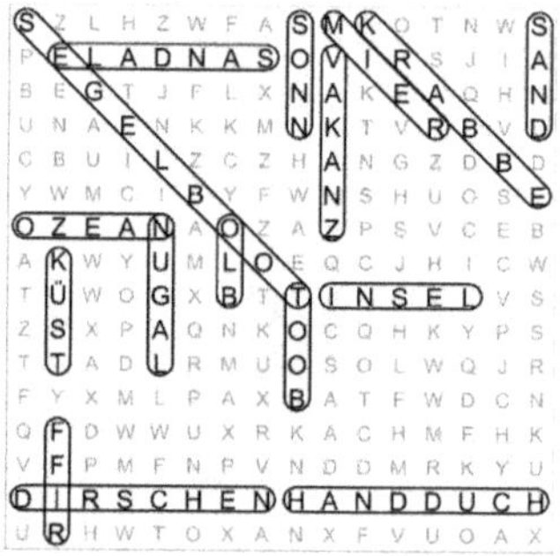

70 - Bellezza

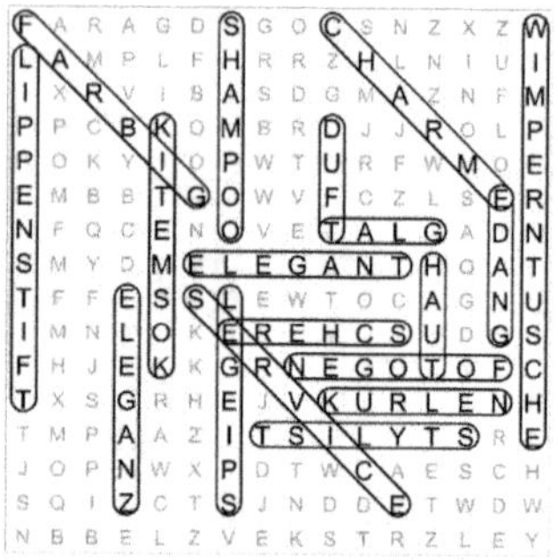

71 - Avventura

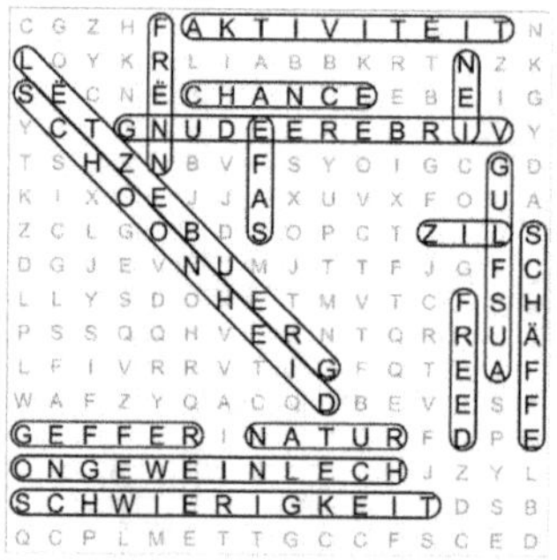

72 - Forme

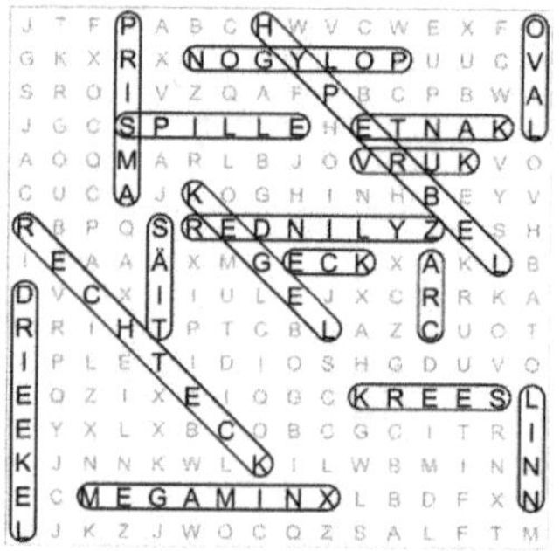

73 - Oceano

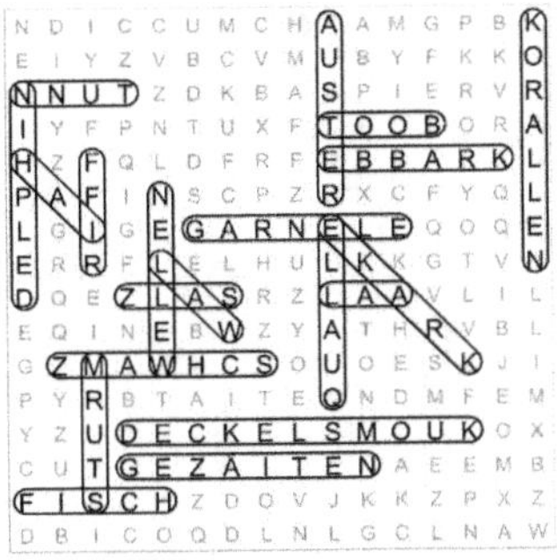

74 - Famiglia

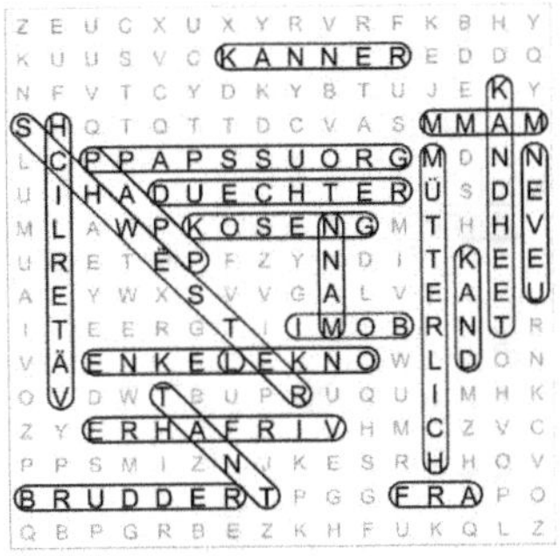

75 - Creatività

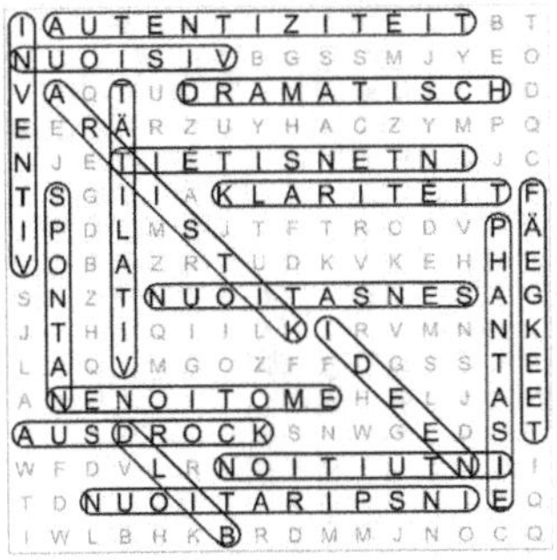

76 - Veicoli

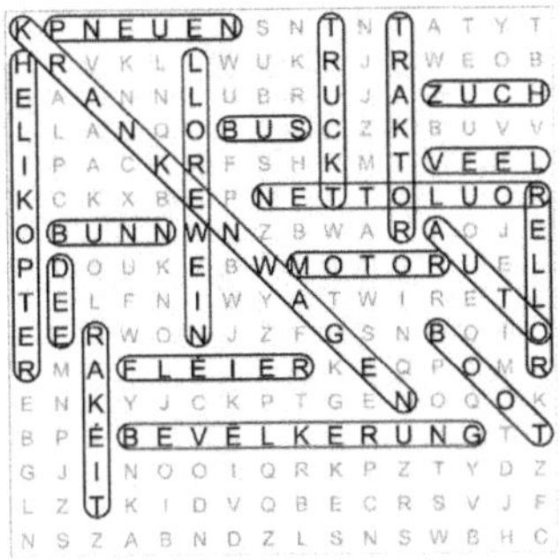

77 - Natura

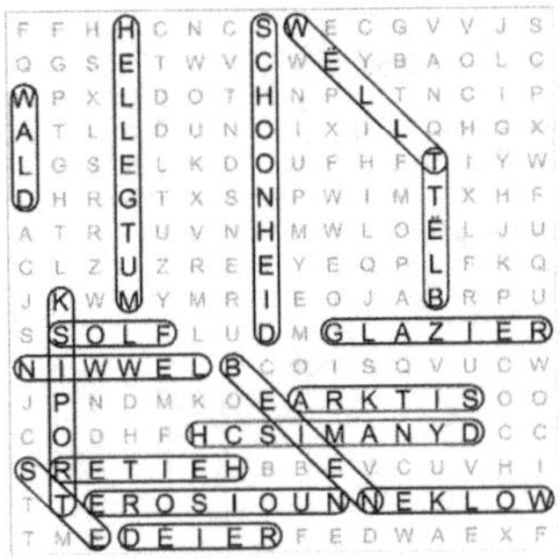

78 - Paesi #1

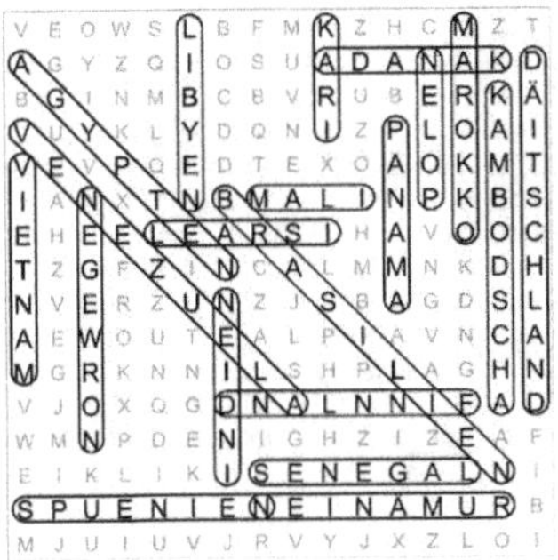

79 - Campionato

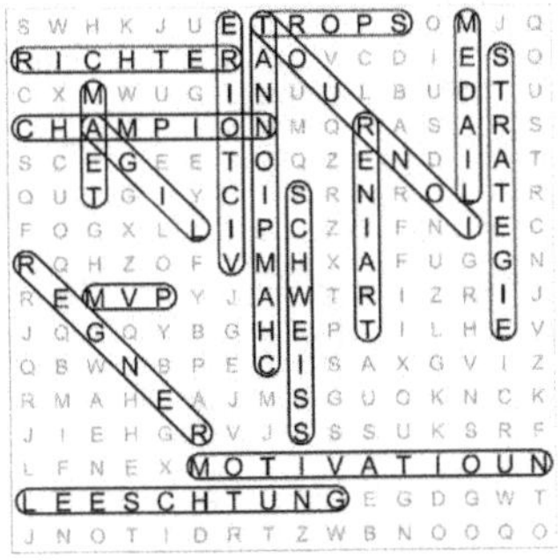

80 - Geometria

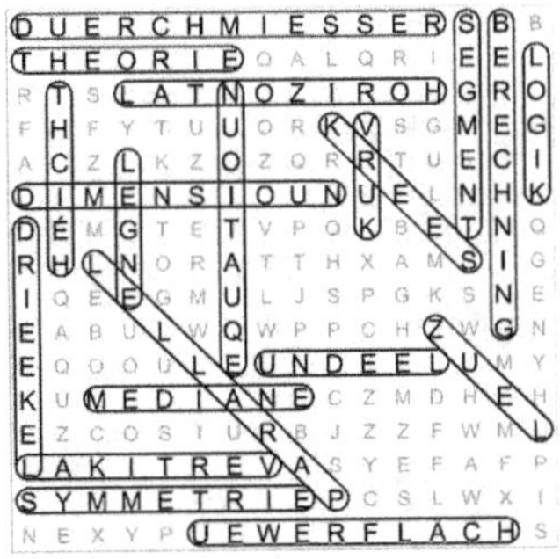

81 - Foresta Pluviale

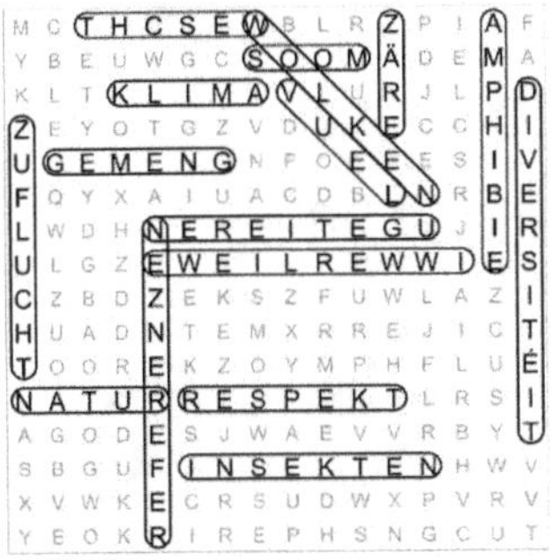

82 - Edifici

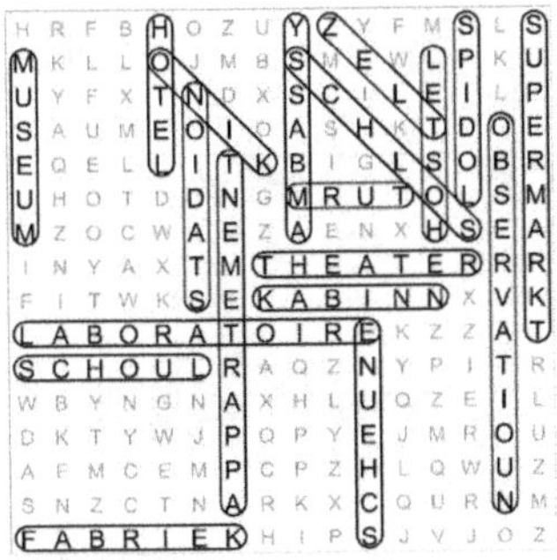

83 - Malattia

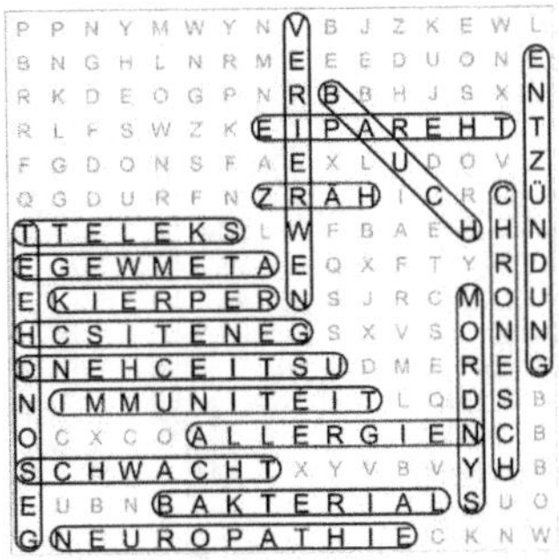

84 - Paesi #2

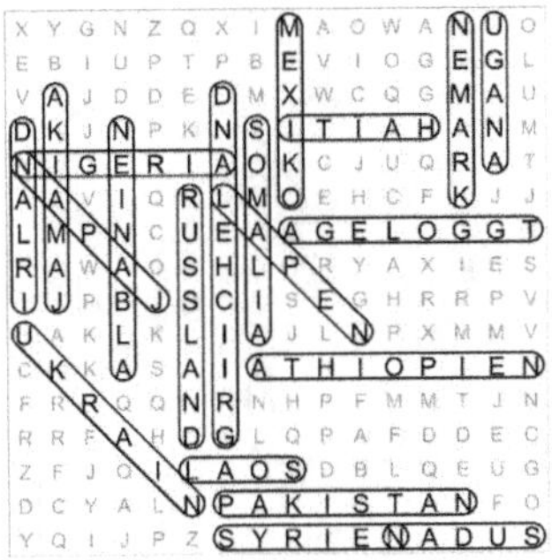

85 - Tipi di Capelli

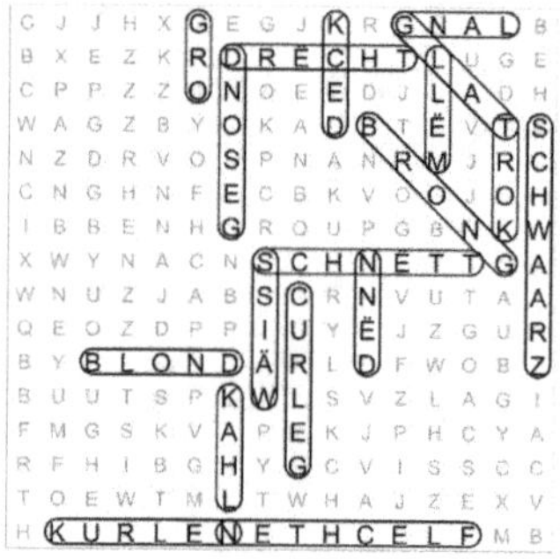

86 - Vestiti

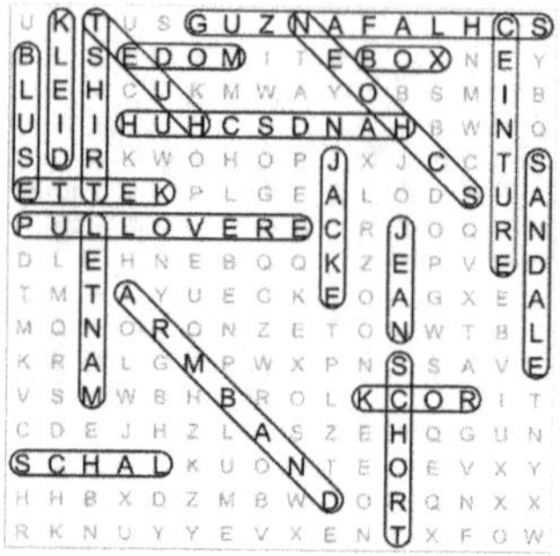

87 - Attività e Tempo Libero

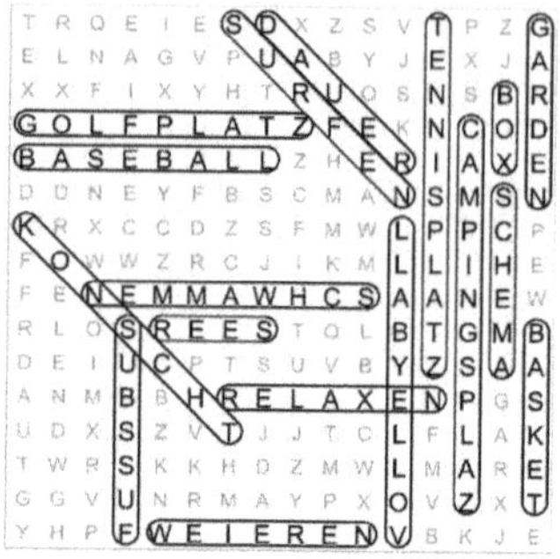

88 - Tecnologia

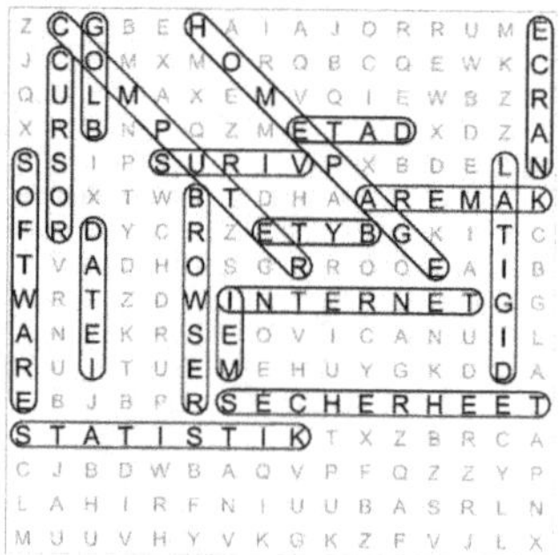

89 - Meteo

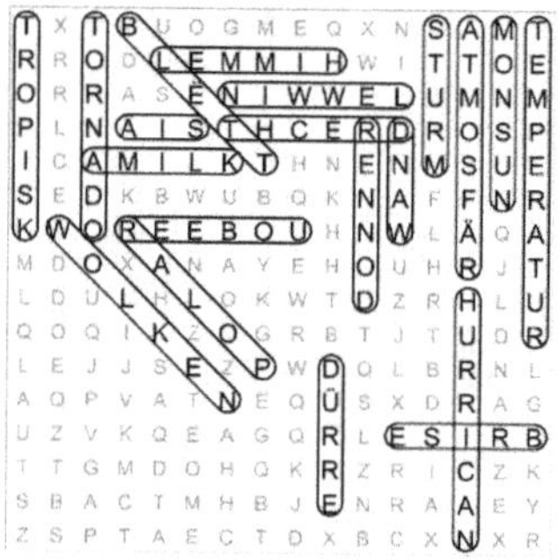

90 - Corpo Umano

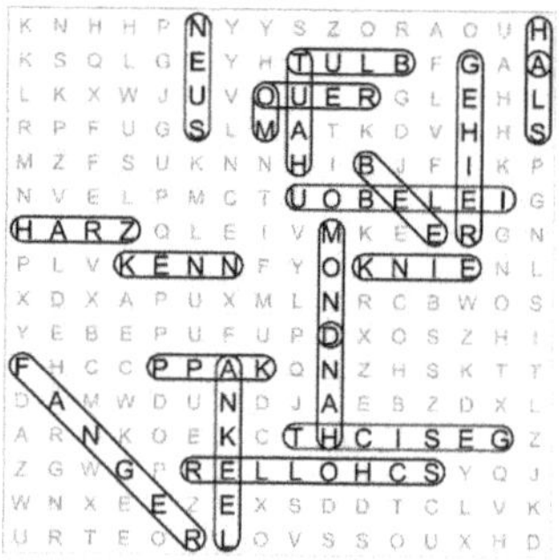

91 - Mammiferi

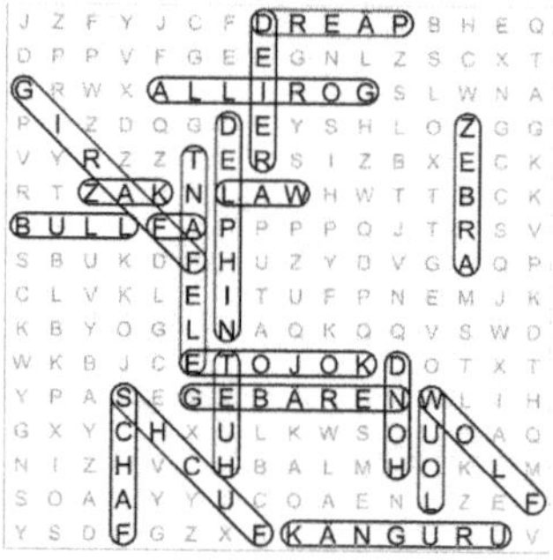

92 - Cucina

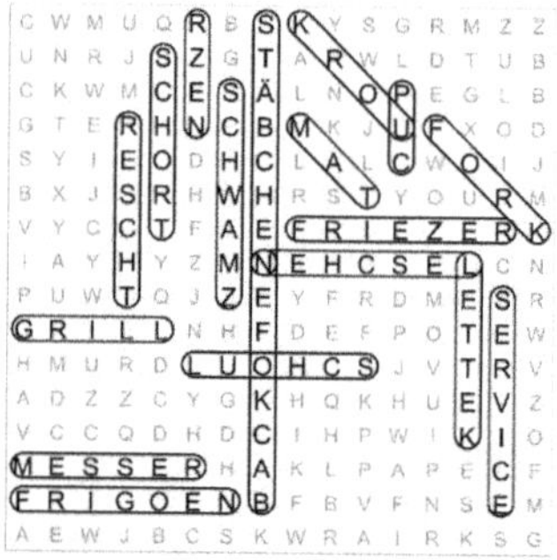

93 - Giardinaggio

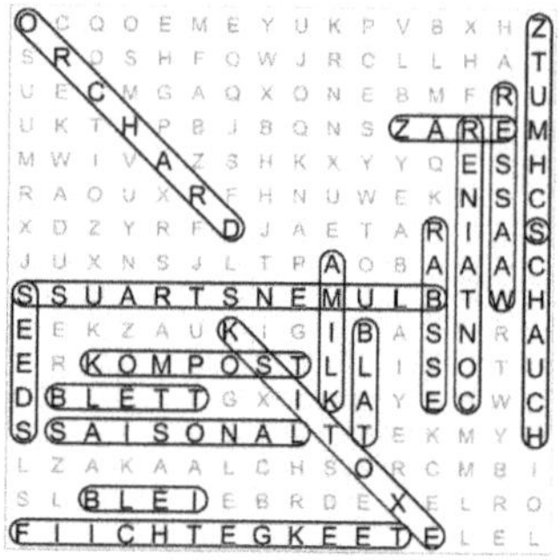

94 - Universo

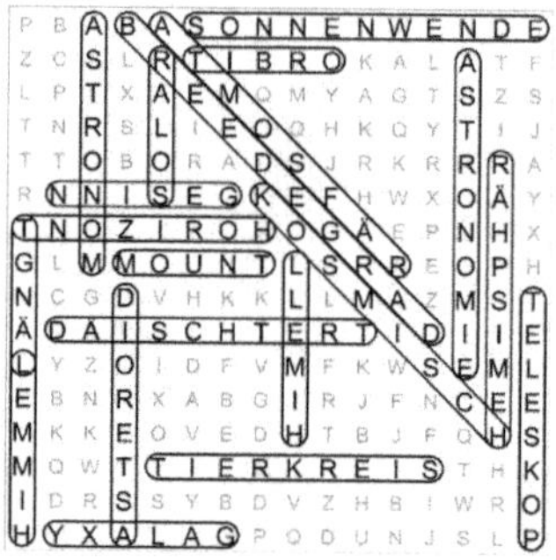

95 - Jazz

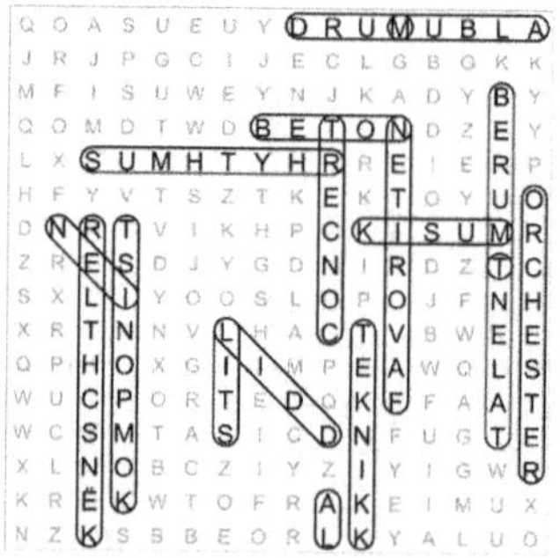

96 - Vacanze #2

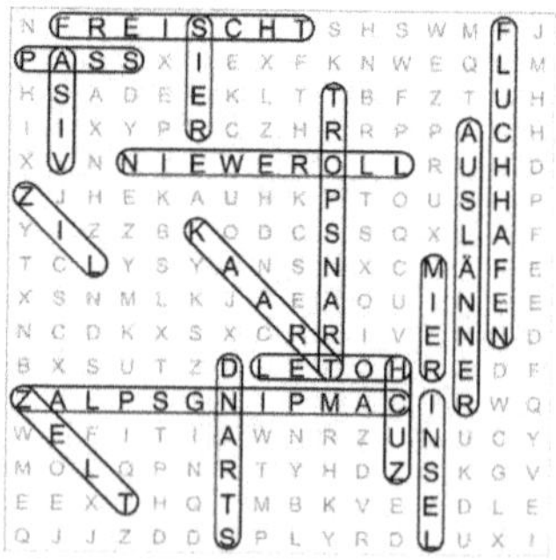

97 - Attività

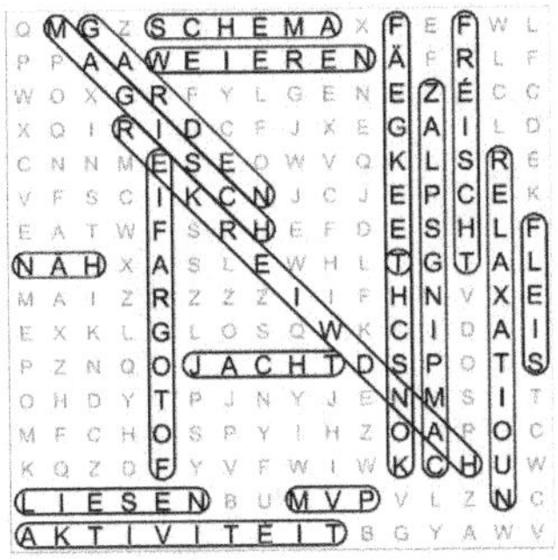

98 - Diplomazia

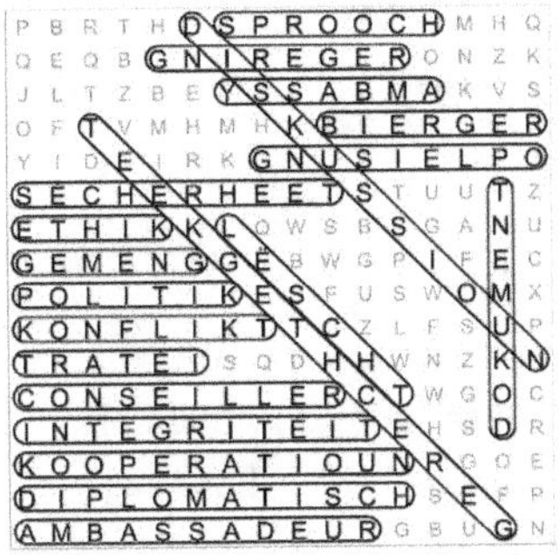

99 - Forniture Artistiche

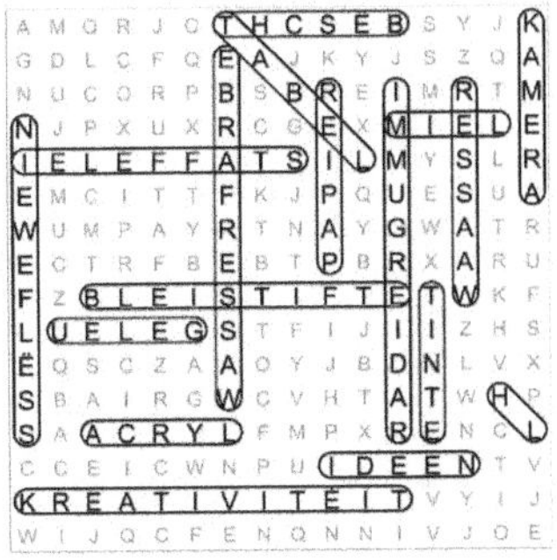

100 - Misurazioni

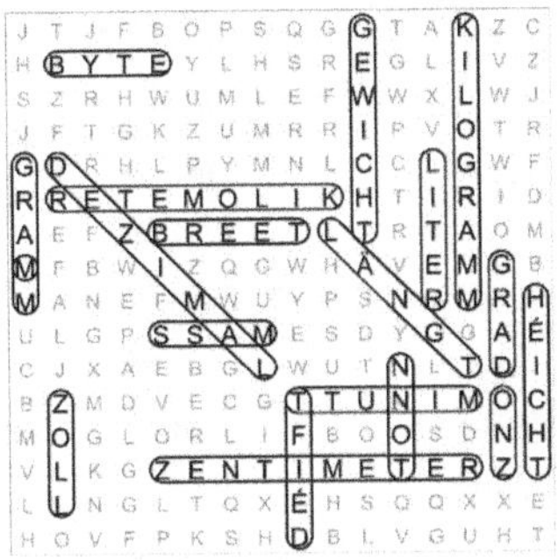

Dizionario

Acqua
Waasser

Canale	Kanal
Doccia	Dousch
Evaporazione	Verdunstung
Fiume	Flos
Gelo	Duechteren
Geyser	Geiser
Ghiaccio	Äis
Irrigazione	Irrigatioun
Lago	Séi
Monsone	Monsun
Neve	Schnéi
Oceano	Ozean
Onde	Wellen
Pioggia	Reen
Umidità	Fiichtegkeet
Uragano	Hurrican
Vapore	Damp

Aeroplani
Fligeren

Altezza	Héicht
Altitudine	Höcht
Aria	Loft
Atmosfera	Atmosfär
Atterraggio	Landung
Avventura	Aventure
Carburante	Brennstoff
Cielo	Himmel
Costruzione	Bau
Design	Design
Direzione	Richtung
Discesa	Ofstig
Equipaggio	Crew
Idrogeno	Waasserstoff
Motore	Motor
Palloncino	Ballon
Passeggero	Passagier
Pilota	Pilot
Storia	Historie
Turbolenza	Turbulenz

Aggettivi #1
Adjektive #1

Ambizioso	Ehrgeizig
Aromatico	Aromatisk
Artistico	Artistik
Assoluto	Absolut
Attivo	Aktiv
Enorme	Grouss
Esotico	Exotisk
Generoso	Villen
Giovane	Jong
Identico	Identisk
Importante	Wichteg
Lento	Lues
Lungo	Lang
Moderno	Modern
Onesto	Éischt
Perfetto	Perfekt
Pesante	Schwéier
Prezioso	Wëscht
Profondo	Déif
Sottile	Dënn

Aggettivi #2
Adjektive #2

Affamato	Hungrig
Asciutto	Drëcht
Autentico	Liesen
Creativo	Kreativ
Descrittivo	Deskriptiv
Dolce	Séis
Drammatico	Dramatisch
Elegante	Elegant
Famoso	Berumt
Forte	Sterk
Interessante	Interessant
Naturale	Naturell
Normale	Normal
Nuovo	Nei
Orgoglioso	Stolz
Produttivo	Produktiv
Puro	Reng
Responsabile	Responsable
Salato	Salt
Sano	Gesond

Agronomia
Agronomie

Acqua	Waasser
Agricoltura	Landbruik
Ambiente	Ëmwelt
Cibo	Mat
Ecologia	Ökologie
Energia	Energie
Erosione	Erosioun
Fertilizzante	Dünger
Inquinamento	Verschmutzung
Malattie	Kranchen
Organico	Organisch
Piante	Planzen
Produzione	Produktioun
Rurale	Ländlich
Scienza	Wëssenschaft
Semi	Seeds
Studio	Studie
Verdure	Geméis

Algebra
Algebra

Diagramma	Diagramm
Equazione	Equatioun
Esponente	Exponent
Falso	Falsch
Fattore	Faktor
Formula	Formel
Frazione	Fraktioun
Infinito	Onendlech
Lineare	Linear
Matrice	Matrix
Numero	Zuel
Parentesi	Parenthes
Problema	Problem
Semplificare	Verfeichen
Soluzione	Lëscht
Sottrazione	Subtraktion
Variabile	Variabel
Zero	Null

Antartide
Antarktis

Acqua	Waasser
Ambiente	Ëmwelt
Baia	Bay
Balene	Walen
Conservazione	Referenzen
Continente	Kontinent
Geografia	Geographie
Ghiacciai	Gletscher
Ghiaccio	Äis
Isole	Insel
Migrazione	Migratioun
Minerali	Mineral
Nuvole	Wolken
Penisola	Hallinnel
Ricercatore	Fuerscher
Roccioso	Rocky
Scientifico	Wëssenschaft
Spedizione	Expeditioun
Temperatura	Temperatur
Topografia	Topographie

Antiquariato
Antiquitéite

Arte	Konscht
Asta	Auktion
Autentico	Liesen
Decorativo	Dekorativ
Elegante	Elegant
Galleria	Galerie
Gioiello	Bijouen
Insolito	Ongewéinlech
Investimento	Investition
Mobilio	Miwwelen
Monete	Mënten
Prezzo	Präis
Qualità	Qualitéit
Restauro	Restauratioun
Scultura	Skulptur
Secolo	Joerhonnert
Stile	Stil
Valore	Wärt
Vecchio	Al

Api
Beien

Ali	Wings
Alveare	Bienenkorb
Benefico	Benefiziell
Cera	Wachs
Cibo	Mat
Diversità	Diversitéit
Ecosistema	Ökosystem
Fiori	Blummen
Fiorire	Bléi
Frutta	Fruucht Giess
Fumo	Fauch
Giardino	Garden
Insetto	Insekt
Miele	Honig
Piante	Planzen
Polline	Pollen
Regina	Queen
Sciame	Schwarm
Sole	Sonn

Archeologia
Archaologie

Analisi	Analys
Antichità	Antiquität
Civiltà	Zivilisatioun
Dimenticato	Vergiess
Discendente	Nokommen
Era	Ära
Esperto	Expert
Fossile	Haaptsächlech
Frammenti	Fragment
Mistero	Mysterie
Oggetti	Gegenst
Ossa	Skelett
Reliquia	Relich
Ricercatore	Fuerscher
Sconosciuto	Onbekannt
Squadra	Team
Tempio	Tempel
Tomba	Graf
Valutazione	Evaluatioun

Astronomia
Astronomie

Asteroide	Asteroid
Astronauta	Astronaut
Astronomo	Astronom.
Cielo	Himmel
Cosmo	Kosmos
Equinozio	Equinox
Galassia	Galaxy
Gravità	Gravitéit
Luna	Mount
Meteora	Meteor
Nebulosa	Nebel
Osservatorio	Observatioun
Pianeta	Planet
Radiazione	Straling
Razzo	Rakéit
Supernova	Supernova
Telescopio	Teleskop
Terra	Äerd
Universo	Universum
Zodiaco	Tierkreis

Attività
Aktivitéiten

Abilità	Fäegkeet
Arte	Konscht
Artigianato	Handwierker
Attività	Aktivitéit
Caccia	Jacht
Campeggio	Campingsplaz
Cucire	Näh
Escursioni	Weieren
Fotografia	Fotografie
Giardinaggio	Garden
Giochi	Mvp
Lettura	Liesen
Magia	Magisch
Pesca	Schema
Piacere	Fleis
Rilassamento	Relaxatioun
Tempo Libero	Fréischt

Attività Commerciale
Business

Bilancio	Budget
Carriera	Carrière
Costo	Kost
Datore di Lavoro	Employeur
Dipendente	Ember
Economia	Ekonomik
Fabbrica	Fabriek
Finanza	Finanzen
Investimento	Investition
Merce	Wuer
Negozio	Geschäft
Profitto	Gewënn
Reddito	Akommes
Sconto	Rabatt
Società	Entreprise
Soldi	Sue
Transazione	Transaktion
Ufficio	Office
Valuta	Währung
Vendita	Verkaf

Attività e Tempo Libero
Aktivitéiten a Fräizäit

Arte	Konscht
Baseball	Baseball
Basket	Basket
Boxe	Box
Calcio	Fussbus
Campeggio	Campingsplaz
Escursioni	Weieren
Giardinaggio	Garden
Golf	Golfplatz
Immersione	Dauer
Nuoto	Schwammen
Pallavolo	Volleyball
Pesca	Schema
Rilassante	Relaxen
Surf	Surfen
Tennis	Tennisplatz
Viaggio	Rees

Avventura
Aventures

Amici	Frënn
Attività	Aktivitéit
Bellezza	Schoonheid
Caso	Chance
Destinazione	Zil
Difficoltà	Schwierigkeit
Escursione	Ausflug
Gioia	Freed
Insolito	Ongewéinlech
Itinerario	Schäffe
Natura	Natur
Navigazione	Lëtzebuerg
Nuovo	Nei
Pericoloso	Geffer
Preparazione	Virbereedung
Sicurezza	Safe

Bagno
Buedzëmmer

Acqua	Waasser
Asciugamano	Handduch
Bagno	Bad
Bolle	Bubbels
Doccia	Dousch
Forbici	Schere
Gabinetto	Wc
Lozione	Lotion
Profumo	Parfum
Rubinetto	Wasserhahn
Sapone	Seef
Shampoo	Shampoo
Specchio	Spiegel
Spugna	Schwamz
Tappeto	Spaweck
Vapore	Damp

Barbecue
Barbecue

Caldo	Waarm
Cena	Diner
Cibo	Mat
Cipolle	Ënner
Coltelli	Messer
Estate	Summer
Fame	Hunger
Famiglia	Famill
Frutta	Fruucht Giess
Giochi	Mvp
Griglia	Grill
Insalate	Salate
Musica	Musik
Pepe	Pfeffer
Pollo	Huhn
Pomodori	Tomate
Pranzo	Mëtteg
Sale	Salz
Salsa	Sous
Verdure	Geméis

Bellezza
Schéinheet

Colore	Farbig
Cosmetici	Kosmetik
Elegante	Elegant
Eleganza	Eleganz
Fascino	Charme
Forbici	Schere
Fotogenico	Fotogen
Fragranza	Duft
Grazia	Gnade
Liscio	Glat
Mascara	Wimperntusche
Pelle	Haut
Riccioli	Kurlen
Rossetto	Lippenstift
Servizi	Service
Shampoo	Shampoo
Specchio	Spiegel
Stilista	Stylist

Biologia
Biologie

Anatomia	Anatomie
Batteri	Bakterien
Cellula	Zell
Collagene	Kollagen
Cromosoma	Ofgetrennt
Embrione	Embryo
Enzima	Enzym
Evoluzione	Evolutioun
Fotosintesi	Fotosynthese
Mammifero	Déier
Mutazione	Mutatioun
Naturale	Naturell
Nervo	Nerv
Neurone	Nervenzelle
Ormone	Hormon
Osmosi	Osmos
Proteina	Protein
Rettile	Reptil
Simbiosi	Symbiose
Sinapsi	Synap

Boxe
Boxen

Abilità	Fäegkeet
Angolo	Eck
Arbitro	Arbitter
Avversario	Géigner
Calcio	Kick
Campana	Bell
Combattente	Kämpfer
Corpo	Kierper
Esaurito	Erschöpft
Forza	Kraft
Fuoco	Fokus
Gomito	Ielebou
Guanti	Handschuh
Mento	Kënn
Pugno	Fust
Recupero	Erhuelung

Campeggio
Campingsplaz

Alberi	Beem
Amaca	Hängematte
Animali	Déier
Avventura	Aventure
Bussola	Kompass
Cabina	Kabinn
Caccia	Jacht
Canoa	Kann
Cappello	Huet
Corda	Seel
Divertimento	Spass
Foresta	Wald
Fuoco	Fir
Insetto	Insekt
Lago	Séi
Luna	Mount
Mappa	Kaart
Montagna	Bierg
Natura	Natur
Tenda	Zelt

Campionato
Meeschterschaft

Allenatore	Trainer
Campionato	Championnat
Campione	Champion
Finalista	Regner
Giochi	Mvp
Giudice	Richter
Lega	Liga
Medaglia	Medail
Motivazione	Motivatioun
Prestazione	Leeschtung
Sportivo	Sport
Squadra	Team
Strategia	Strategie
Sudore	Schweiss
Torneo	Tournoi
Vittoria	Victoire

Casa
Haus

Attico	Dachboden
Biblioteca	Bibliotek
Camera	Summer
Camino	Kamin
Cucina	Kochnische
Doccia	Dousch
Finestra	Fënster
Garage	Garage
Giardino	Garden
Lampada	Lampe
Parete	Mauer
Pavimento	Stack
Porta	Dier
Recinto	Fenz
Rubinetto	Wasserhahn
Scopa	Besen
Soffitto	Decken
Specchio	Spiegel
Tappeto	Spaweck
Tetto	Dach

Chimica
Chimie

Acido	Saier
Alcalino	Alkalisch
Atomico	Atomic
Calore	Hëtzt
Carbonio	Kuelestoff
Catalizzatore	Katalysator
Cloro	Chlor
Elettrone	Elektron
Enzima	Enzym
Gas	Gass
Idrogeno	Waasserstoff
Ione	Ionen
Liquido	Flëscht
Molecola	Molekul
Nucleare	Nuklär
Organico	Organisch
Ossigeno	Sauerstoff
Peso	Gewicht
Sale	Salz
Temperatura	Temperatur

Cibo #1
Iessen #1

Aglio	Knuewelek
Basilico	Basilikum
Cannella	Zimt
Carne	Fleesch
Carota	Karrot
Cipolla	Ënner
Fragola	Äerdbier
Insalata	Salat
Latte	Mëllech
Limone	Zitrone
Menta	Minze
Orzo	Gerär
Pera	Birne
Rapa	Troppel
Sale	Salz
Spinaci	Spinat
Succo	Juss
Tonno	Tunn
Torta	Kachen
Zucchero	Zucker

Cibo #2
Alimentatioun #2

Asparago	Spargel
Banana	Banan
Broccolo	Brokkoli
Ciliegia	Kirsche
Cioccolato	Schockela
Formaggio	Käis
Grano	Weess
Kiwi	Kiwi
Mela	Apel
Melanzana	Eegplant
Pane	Brout
Pesce	Fisch
Pollo	Huhn
Pomodoro	Tomat
Prosciutto	Schinken
Riso	Reis
Sedano	Sellerie
Uovo	Eeg
Uva	Drauf
Yogurt	Yoghurt

Città
Stad

Aeroporto	Fluchhafen
Banca	Bank
Biblioteca	Bibliotek
Cinema	Kino
Clinica	Klinik
Farmacia	Apdikt
Fiorista	Florist
Galleria	Galerie
Hotel	Hotel
Libreria	Bookshop
Mercato	Maart
Museo	Museum
Negozio	Späicheren
Panetteria	Bäckerei
Scuola	Schoul
Stadio	Stadion
Supermercato	Supermarkt
Teatro	Theater
Università	Universitéit
Zoo	Zoo

Corpo Umano
Mënschleche Kierper

Bocca	Mond
Caviglia	Ankeel
Cervello	Gehier
Collo	Hals
Cuore	Härz
Dito	Fanger
Faccia	Gesicht
Gamba	Bee
Ginocchio	Knie
Gomito	Ielebou
Mano	Hand
Mento	Kënn
Naso	Neus
Occhio	A
Orecchio	Ouer
Pelle	Haut
Sangue	Blut
Spalla	Scholler
Stomaco	Mo
Testa	Kapp

Creatività
Kreativitéit

Abilità	Fäegkeet
Artistico	Artistik
Autenticità	Autentizitéit
Chiarezza	Klaritéit
Drammatico	Dramatisch
Emozioni	Emotionen
Espressione	Ausdrock
Idee	Ideen
Immaginazione	Phantasie
Immagine	Bild
Intensità	Intensitéit
Intuizione	Intuition
Inventivo	Inventiv
Ispirazione	Inspiratioun
Sensazione	Sensatioun
Spontaneo	Spontan
Visioni	Visioun
Vitalità	Vitalität

Cucina
Kochnische

Bacchette	Stäbchen
Bollitore	Kettel
Brocca	Krou
Cibo	Mat
Ciotola	Schoul
Coltelli	Messer
Congelatore	Friezer
Cucchiai	Lëschen
Forchette	Fork
Forno	Backofen
Frigorifero	Frigoen
Grembiule	Schort
Griglia	Grill
Ricetta	Rescht
Spezie	Rzen
Spugna	Schwamz
Tazze	Cup
Tovagliolo	Service

Danza
Tanz

Accademia	Academie
Arte	Konscht
Classico	Klassisch
Compagno	Partner
Coreografia	Choreographie
Corpo	Kierper
Cultura	Kultur
Culturale	Kulturell
Emozione	Emotion
Espressivo	Kräische
Gioioso	Frëscht
Grazia	Gnade
Movimento	Bewegung
Musica	Musik
Ritmo	Rhythmus
Tradizionale	Traditionell
Visivo	Visuell

Diplomazia
Diplomatie

Ambasciata	Ambassy
Ambasciatore	Ambassadeur
Cittadini	Bierger
Comunità	Gemeng
Conflitto	Konflikt
Consigliere	Conseiller
Cooperazione	Kooperatioun
Diplomatico	Diplomatisch
Discussione	Diskussioun
Etica	Ethik
Giustizia	Gerechtegkeet
Governo	Regering
Integrità	Integritéit
Lingue	Sprooch
Politica	Politik
Risoluzione	Opléisung
Sicurezza	Sécherheet
Soluzione	Lëscht
Trattato	Tratéi
Umanitario	Dokument

Discipline Scientifiche
Wissenschaftsdisziplinen

Anatomia	Anatomie
Archeologia	Archeologie
Astronomia	Astronomie
Biochimica	Biochemie
Biologia	Biologie
Botanica	Botanie
Chimica	Chemie
Ecologia	Ökologie
Fisiologia	Physiologie
Geologia	Geologie
Immunologia	Immunologie
Linguistica	Linguistik
Meccanica	Mechanik
Meteorologia	Meteorologie
Mineralogia	Mineralogie
Neurologia	Neurologie
Psicologia	Psychologie
Sociologia	Sociologie
Termodinamica	Thermodynamik
Zoologia	Zoologie

Edifici
Gebaier

Ambasciata	Ambassy
Appartamento	Appartement
Cabina	Kabinn
Castello	Schlos
Cinema	Kino
Fabbrica	Fabriek
Fienile	Scheune
Hotel	Hotel
Laboratorio	Laboratoire
Museo	Museum
Ospedale	Spidol
Osservatorio	Observatioun
Ostello	Hostel
Scuola	Schoul
Stadio	Stadion
Supermercato	Supermarkt
Teatro	Theater
Tenda	Zelt
Torre	Turm
Università	Universitéit

Energia
Energie

Ambiente	Ëmwelt
Batteria	Batterie
Benzina	Benzin
Calore	Hëtzt
Carbonio	Kuelestoff
Carburante	Brennstoff
Diesel	Dieselöl
Elettrico	Elektrisch
Elettrone	Elektron
Entropia	Entropie
Fotone	Foton
Idrogeno	Waasserstoff
Industria	Industrie
Inquinamento	Verschmutzung
Motore	Motor
Nucleare	Nuklär
Rinnovabile	Erneuerbar
Turbina	Turbin
Vapore	Damp
Vento	Wand

Erboristeria
Herbalismus

Aglio	Knuewelek
Aneto	Dill
Aromatico	Aromatisk
Basilico	Basilikum
Culinario	Kulinary
Dragoncello	Estragon
Finocchio	Fenchelsamen
Fiore	Bloem
Giardino	Garden
Ingrediente	Um
Lavanda	Lavendel
Maggiorana	Majoran
Menta	Minze
Origano	Oregano
Prezzemolo	Petersilie
Qualità	Qualitéit
Rosmarino	Rosmarin
Timo	Thimei
Verde	Gréng
Zafferano	Safiental

Escursionismo
Wanderen

Acqua	Waasser
Animali	Déier
Campeggio	Campingsplaz
Clima	Klima
Mappa	Kaart
Montagna	Bierg
Natura	Natur
Orientamento	Orientatioun
Parchi	Parken
Pesante	Schwéier
Pietre	Stein
Preparazione	Virbereedung
Scogliera	Klipp
Selvaggio	Wëllt
Sole	Sonn
Stanco	Midd
Stivali	Stiwwele
Vertice	Spëtzt

Etica
Ethik

Altruismo	Altruismus
Compassione	Mitgefühl
Cooperazione	Kooperatioun
Dignità	Géif
Diplomatico	Diplomatisch
Filosofia	Philosophie
Gentilezza	Gëtt
Integrità	Integritéit
Onestà	Sprooch
Ottimismo	Optimismus
Pazienza	Gedold
Ragionevole	Rasonable
Razionalità	Rationalität
Realismo	Realisme
Saggezza	Weischt
Tolleranza	Toleranz
Umanità	Mënscht

Famiglia
Famill

Antenato	Virfahre
Bambini	Kanner
Bambino	Kand
Cugino	Koseng
Figlia	Duechter
Fratello	Brudder
Infanzia	Kandheet
Madre	Mamm
Marito	Mann
Materno	Mütterlich
Moglie	Fra
Nipote	Neveu
Nipote	Enkel
Nonna	Bomi
Nonno	Grousspapp
Padre	Papp
Paterno	Väterlich
Sorella	Schwëster
Zia	Tant
Zio	Onkel

Fantascienza
Science Fiktioun

Atomico	Atomic
Cinema	Kino
Distopia	Dystopie
Esplosione	Explosioun
Estremo	Extrem
Fantastico	Fantastisk
Fuoco	Fir
Futuristico	Futuristisch
Galassia	Galaxy
Illusione	Illusioun
Immaginario	Imaginär
Libri	Chern
Misterioso	Geheimnisvoll
Mondo	Welt
Oracolo	Orakel
Pianeta	Planet
Robot	Roboter
Tecnologia	Technologie
Utopia	Utopie

Fattoria #1
Bauerenhaff #1

Acqua	Waasser
Agricoltura	Landbruik
Ape	Biene
Asino	Esel
Campo	Feld
Cane	Hond
Capra	Geess
Cavallo	Päerd
Fertilizzante	Dünger
Fieno	Hei
Gatto	Kaz
Gregge	Herde
Maiale	Schwäin
Miele	Honig
Mucca	Kuh
Pollo	Huhn
Recinto	Fenz
Riso	Reis
Semi	Seeds
Vitello	Kalf

Fattoria #2
Bauerenhaff #2

Agnello	Lamm
Agricoltore	Bauer
Anatra	Ente
Animali	Déier
Cibo	Mat
Fienile	Scheune
Frutta	Fruucht Giess
Frutteto	Orchard
Grano	Weess
Irrigazione	Irrigatioun
Lama	Lama
Latte	Mëllech
Mais	Mais
Orzo	Gerär
Pecora	Schaf
Prato	Wiese
Trattore	Traktor
Verdura	Geméis

Fiori
Blummen

Dente di Leone	Wenzahn
Gardenia	Gardenie
Gelsomino	Jasmin
Giglio	Lilie
Girasole	Sonneblem
Ibisco	Hibiskus
Lavanda	Lavendel
Lilla	Violette
Magnolia	Magnolie
Margherita	Daisy
Mazzo	Blumenstrauss
Orchidea	Orchidee
Papavero	Mohn
Peonia	Pfingstrose
Trifoglio	Klee
Tulipano	Tulip

Fisica
Physik

Accelerazione	Zwee
Atomo	Atom
Caos	Chaos
Chimico	Chemesch
Densità	Dicht
Elettrone	Elektron
Espansione	Expansioun
Formula	Formel
Frequenza	Frequenz
Gas	Gass
Gravità	Gravitéit
Magnetismo	Magnetisme
Meccanica	Mechanik
Molecola	Molekul
Motore	Motor
Nucleare	Nuklär
Particella	Partikel
Relatività	Relativitéit
Universale	Universell
Velocità	Vitesse

Foresta Pluviale
Regenwald

Anfibi	Amphibie
Botanico	Zäre
Clima	Klima
Comunità	Gemeng
Diversità	Diversitéit
Insetti	Insekten
Mammiferi	Ugetieren
Muschio	Moos
Natura	Natur
Nuvole	Wolken
Preservazione	Referenzen
Prezioso	Wëscht
Restauro	Restauratioun
Rifugio	Zuflucht
Rispetto	Respekt
Sopravvivenza	Iwwerliewe
Uccelli	Vuel

Forme
Formen

Angolo	Eck
Arco	Arc
Bordi	Kante
Cerchio	Krees
Cilindro	Zylinder
Cono	Kegel
Cubo	Megaminx
Curva	Kurv
Ellisse	Ellips
Iperbole	Hyperbel
Lato	Säit
Linea	Linn
Ovale	Oval
Poligono	Polygon
Prisma	Prisma
Rettangolo	Rechteck
Triangolo	Drieekel

Forniture Artistiche
Konscht Ëmgeréits

Acqua	Waasser
Acquerelli	Wasserfarbe
Acrilico	Acryl
Argilla	Nieweflëss
Carta	Papier
Cavalletto	Staffelei
Colla	Leim
Creatività	Kreativitéit
Gomma	Radiergummi
Idee	Ideen
Inchiostro	Tinte
Matite	Bleistifte
Olio	Ueleg
Sedia	Hl
Spazzole	Bëscht
Tavolo	Tabel
Telecamera	Kamera

Forza e Gravità
Kraaft a Schwéierkraaft

Asse	Achs
Centro	Centre
Dinamico	Dynamisch
Distanza	Distanz
Espansione	Expansioun
Fisica	Physik
Magnetismo	Magnetisme
Meccanica	Mechanik
Orbita	Orbit
Peso	Gewicht
Pressione	Drock
Proprietà	Eegeschaft
Scoperta	Entdeckung
Tempo	Zeit
Universale	Universell
Velocità	Vitesse

Frutta
Fruucht Giess

Albicocca	Aprikose
Ananas	Anans
Arancia	Orange
Avocado	Avocado
Bacca	Berry
Banana	Banan
Ciliegia	Kirsche
Kiwi	Kiwi
Lampone	Hambier
Limone	Zitrone
Mango	Mango
Mela	Apel
Melone	Meloun
Mora	Blackberry
Nettarina	Nektarin
Papaia	Papaya
Pera	Birne
Pesca	Piisch
Prugna	Pflaume
Uva	Drauf

Geografia
Geographie

Altitudine	Höcht
Atlante	Atlas
Città	Stad
Continente	Kontinent
Emisfero	Hemisphär
Fiume	Flos
Isola	Insel
Latitudine	Breedegrad
Longitudine	Längt
Mappa	Kaart
Mare	Mier
Meridiano	Meridian
Mondo	Welt
Montagna	Bierg
Nord	Norden
Ovest	Westen
Paese	Land
Regione	Regioun
Sud	Süden
Territorio	Territoire

Geologia
Geologie

Acido	Saier
Altopiano	Plateau
Calcio	Kalcium
Caverna	Hiel
Continente	Kontinent
Corallo	Korallen
Cristalli	Kristallen
Erosione	Erosioun
Fossile	Haaptsächlech
Geyser	Geiser
Lava	Lava
Minerali	Mineral
Pietra	Stein
Quarzo	Quarz
Sale	Salz
Stalagmiti	Stalagmiten
Stalattite	Stalaktit
Strato	Plang
Terremoto	Äerdbiewen
Vulcano	Vulkan

Geometria
Geometrie

Altezza	Héicht
Angolo	Engel
Calcolo	Berechning
Cerchio	Krees
Curva	Kurv
Diametro	Duerchmiesser
Dimensione	Dimensioun
Equazione	Equatioun
Logica	Logik
Mediano	Mediane
Numero	Zuel
Orizzontale	Horizontal
Parallelo	Parallel
Proporzione	Undeel
Segmento	Segment
Simmetria	Symmetrie
Superficie	Uewerfläch
Teoria	Theorie
Triangolo	Drieekel
Verticale	Vertikal

Giardinaggio
Gaardenaarbecht

Acqua	Waasser
Botanico	Zäre
Clima	Klima
Commestibile	Essbar
Compost	Kompost
Contenitore	Container
Esotico	Exotisk
Fiorire	Bléi
Foglia	Blat
Fogliame	Blëtt
Frutteto	Orchard
Mazzo	Blumenstrauss
Semi	Seeds
Sporco	Schmutz
Stagionale	Saisonal
Tubo	Schauch
Umidità	Fiichtegkeet

Giardino
Gaart

Albero	Bam
Amaca	Hängematte
Cespuglio	Busch
Erba	Gras
Erbacce	Weider
Fiore	Bloem
Garage	Garage
Giardino	Garden
Pala	Schoul
Panca	Beng
Rastrello	Rake
Recinto	Fenz
Stagno	Teich
Terrazza	Terrass
Trampolino	Trampolin
Tubo	Schauch

Giorni e Mesi
Deeg a Méint

Agosto	August
Anno	Joer
Aprile	Abrëll
Calendario	Kalender
Dicembre	Dezember
Domenica	Sonnde
Febbraio	Februar
Gennaio	Januar
Giugno	Juni
Luglio	Juli
Lunedì	Méindeg
Martedì	Dënschdeg
Mercoledì	Mëttwoch
Mese	Mount
Novembre	November
Ottobre	Oktober
Sabato	Samschdeg
Settembre	September
Settimana	Woch
Venerdì	Freideg

Governo
Regierung

Capo	Leider
Cittadinanza	Biergerschäft
Civile	Zivil
Costituzione	Verfassung
Democrazia	Demokratie
Diritti	Rechter
Discorso	Ried
Discussione	Diskussioun
Giudiziario	Gerichtlich
Giustizia	Gerechtegkeet
Legge	Gesetz
Libertà	Liberty
Monumento	Monument
Nazione	Nation
Politica	Politik
Simbolo	Symbol
Stato	Stat
Uguaglianza	Gläichheet

Guida
Bobet

Auto	Auto
Autobus	Bus
Carburante	Brennstoff
Freni	Bremsen
Garage	Garage
Gas	Gass
Incidente	Accident
Licenza	Lizens
Mappa	Kaart
Moto	Motorrad
Motore	Motor
Pedonale	Foussgänger
Pericolo	Gefor
Polizia	Police
Sicurezza	Safe
Strada	Road
Traffico	Trafik
Trasporto	Transport
Tunnel	Tunnel
Velocità	Vitesse

Imbarcazioni
Schëffer

Albero	Mast
Ancora	Anker
Barca a Vela	Segelboot
Boa	Buet
Canoa	Kann
Corda	Seel
Equipaggio	Crew
Fiume	Flos
Kayak	Kayak
Lago	Séi
Mare	Mier
Marea	Flut
Marinaio	Militant
Motore	Motor
Nautico	Nautisch
Oceano	Ozean
Onde	Wellen
Traghetto	Bevëlkerung
Yacht	Yacht
Zattera	Dee

Ingegneria
Engineering

Angolo	Engel
Asse	Achs
Calcolo	Berechning
Costruzione	Bau
Diagramma	Diagramm
Diametro	Duerchmiesser
Diesel	Dieselöl
Distribuzione	Verdeelung
Energia	Energie
Forza	Kraft
Leve	Hiewele
Liquido	Flëscht
Macchina	Maschin
Misurazione	Miessung
Motore	Motor
Profondità	Déift
Propulsione	Undriff
Stabilità	Stabilitéit
Struttura	Struktur

Insetti
Insekten

Afide	Blattlaus
Ape	Biene
Cavalletta	Heuschrecke
Cicala	Zikade
Coccinella	Déischlecht
Coleottero	Käfer
Falena	Päiperleks
Farfalla	Päiperlek
Formica	Ameise
Larva	Larve
Libellula	Libelle
Mantide	Mantis
Pulce	Flau
Scarafaggio	Kakerlake
Termite	Termite
Verme	Wurm
Vespa	Wespe
Zanzara	Mücke

Jazz
Jazz

Album	Album
Artista	Kënschtler
Batteria	Drum
Canzone	Lidd
Compositore	Komponist.
Concerto	Concert
Enfasi	Beton
Famoso	Berumt
Musica	Musik
Nuovo	Nei
Orchestra	Orchester
Preferiti	Favoriten
Ritmo	Rhythmus
Stile	Stil
Talento	Talent
Tecnica	Teknikk
Vecchio	Al

Letteratura
Literatur

Analisi	Analys
Analogia	Analogie
Aneddoto	Anekdot
Autore	Auteur
Biografia	Biographie
Conclusione	Fazit
Confronto	Verglech
Descrizione	Beschreiwung
Dialogo	Dialog
Finzione	Fiktion
Metafora	Metapher
Opinione	Mening
Poesia	Gedich
Poetico	Poetisk
Rima	Reim
Ritmo	Rhythmus
Romanzo	Roman
Stile	Stil
Tema	Thema
Tragedia	Tragedie

Libri
Bicher

Autore	Auteur
Avventura	Aventure
Collezione	Sammel
Contesto	Kontext
Dualità	Dualität
Epico	Episch
Inventivo	Inventiv
Letterario	Literaire
Lettore	Lieser
Narratore	Erzieler
Pagina	Säit
Poesia	Gedich
Rilevante	Relevant
Romanzo	Roman
Scritto	Opschreiwen
Serie	Serie
Storia	Geschicht
Storico	Historisk
Tragico	Tragisch
Umoristico	Humorvoll

Malattia
Krankheet

Addominale	Bauch
Allergie	Allergien
Batterico	Bakterial
Contagioso	Ustiechend
Corpo	Kierper
Cronico	Chronesch
Cuore	Häerz
Debole	Schwacht
Ereditario	Verierwen
Genetico	Genetisch
Immunità	Immunitéit
Infiammazione	Entzündung
Neuropatia	Neuropathie
Ossa	Skelett
Respiratorio	Atemwege
Salute	Gesondheet
Sindrome	Syndrom
Terapia	Therapie

Mammiferi
Mamendéieren

Balena	Wal
Cane	Hond
Canguro	Känguru
Cavallo	Päerd
Cervo	Deier
Coniglio	Huet
Coyote	Kojote
Delfino	Delphin
Elefante	Elefant
Gatto	Kaz
Giraffa	Giraff
Gorilla	Gorilla
Leone	Louw
Lupo	Wolf
Orso	Gebären
Pecora	Schaf
Scimmia	Af
Toro	Bull
Volpe	Fuchs
Zebra	Zebra

Meditazione
Meditatioun

Accettazione	Unhuele
Calma	Roueg
Chiarezza	Klaritéit
Compassione	Mitgefühl
Emozioni	Emotionen
Gentilezza	Gëtt
Gratitudine	Dankbarkeit
Insegnamenti	Léier
Mentale	Geistig
Mente	Geescht
Movimento	Bewegung
Musica	Musik
Natura	Natur
Pace	Fridde
Prospettiva	Perspektiv
Respirazione	Omtem
Silenzio	Stille
Sveglio	Wakkert

Meteo
Wieder

Arcobaleno	Reebou
Asciutto	Drëcht
Atmosfera	Atmosfär
Brezza	Brise
Cielo	Himmel
Clima	Klima
Fulmine	Blëtt
Ghiaccio	Äis
Monsone	Monsun
Nebbia	Niwwel
Nube	Wolken
Polare	Polar
Siccità	Dürre
Temperatura	Temperatur
Tempesta	Sturm
Tornado	Tornado
Tropicale	Tropisk
Tuono	Donner
Uragano	Hurrican
Vento	Wand

Misurazioni
Miessunge

Altezza	Héicht
Byte	Byte
Centimetro	Zentimeter
Chilogrammo	Kilogramm
Chilometro	Kilometer
Decimale	Dezimal
Grado	Grad
Grammo	Gramm
Larghezza	Breet
Litro	Liter
Lunghezza	Längt
Massa	Mass
Metro	M
Minuto	Minutt
Oncia	Onz
Peso	Gewicht
Pollice	Zoll
Profondità	Déift
Tonnellata	Tonn

Mitologia
Mythologie

Archetipo	Archetyp
Comportamento	Verhale
Creatura	Kreatur
Creazione	Schafung
Credenze	Berzeugungen
Cultura	Kultur
Disastro	Katastroph
Eroe	Held
Forza	Kraft
Fulmine	Blëtt
Gelosia	Jalousie
Guerriero	Krieger
Labirinto	Labyrint
Leggenda	Seeche
Mortale	Spaweck
Mostro	Monster
Paradiso	Himmel
Tuono	Donner
Vendetta	Rache

Musica
Musek

Album	Album
Armonia	Harmonie
Armonico	Harmonik
Ballata	Ballade
Cantante	Senger
Cantare	Seng
Classico	Klassisch
Coro	Chouer
Lirico	Lyrisch
Melodia	Melodie
Microfono	Stecker
Musicale	Musikal
Musicista	Musiker
Opera	Opera
Poetico	Poetisk
Registrazione	Foto
Ritmico	Rhythmisch
Ritmo	Rhythmus
Strumento	Instrument
Vocale	Vokal

Natura
Natur

Animali	Déier
Api	Beien
Artico	Arktis
Bellezza	Schoonheid
Deserto	Ste
Dinamico	Dynamisch
Erosione	Erosioun
Fiume	Flos
Fogliame	Blëtt
Foresta	Wald
Ghiacciaio	Glazier
Nebbia	Niwwel
Nuvole	Wolken
Santuario	Hellegtum
Selvaggio	Wëllt
Sereno	Heiter
Tropicale	Tropisk
Vitale	Entscheedend

Numeri
Zuelen

Cinque	Fënnef
Decimale	Dezimal
Diciannove	Nonzéng
Diciassette	Siebzehn
Diciotto	Uechtzéng
Dieci	Zéng
Dodici	Zwielef
Due	Zwee
Nove	Néng
Otto	Aacht
Quattordici	Véierzéng
Quattro	Vier
Quindici	Fofzéng
Sedici	Sechzehn
Sei	Sechs
Sette	Sewen
Tre	Dräi
Tredici	Dräizéng
Venti	Zwanzeg
Zero	Null

Nutrizione
Ernierung

Amaro	Jeremy
Appetito	Appetit
Bilanciato	Ausgewoge
Calorie	Kalorien
Carboidrati	Kolhydrate
Commestibile	Essbar
Dieta	Diét
Digestione	Verdauung
Fermentazione	Gärung
Liquidi	Ssigkeiten
Nutriente	Nährstoff
Peso	Gewicht
Proteine	Protein
Qualità	Qualitéit
Salsa	Sous
Salute	Gesondheet
Sano	Gesond
Spezie	Rzen
Tossina	Toxin
Vitamina	Vitamin

Oceano
Ozean

Anguilla	Aal
Balena	Wal
Barca	Boot
Corallo	Korallen
Delfino	Delphin
Gamberetto	Garnele
Granchio	Krabbe
Maree	Gezäiten
Medusa	Qualle
Onde	Wellen
Ostrica	Auster
Pesce	Fisch
Polpo	Krake
Sale	Salz
Scogliera	Riff
Spugna	Schwamz
Squalo	Hai
Tartaruga	Deckelsmouk
Tempesta	Sturm
Tonno	Tunn

Paesaggi
Landschaften

Cascata	Waasserfall
Collina	Hill
Deserto	Ste
Fiume	Flos
Geyser	Geiser
Ghiacciaio	Glazier
Grotta	Hiel
Iceberg	Robin
Isola	Insel
Lago	Séi
Mare	Mier
Montagna	Bierg
Oasi	Oas
Oceano	Ozean
Palude	Sumpf
Penisola	Hallinnel
Spiaggia	Strand
Tundra	Tundra
Valle	Dall
Vulcano	Vulkan

Paesi #1
Länner #1

Brasile	Brasilien
Cambogia	Kambodscha
Canada	Kanada
Egitto	Ägypten
Finlandia	Finnland
Germania	Däitschland
India	Indien
Iraq	Irak
Israele	Israel
Libia	Libyen
Mali	Mali
Marocco	Marokko
Norvegia	Norwegen
Panama	Panama
Polonia	Polen
Romania	Rumänien
Senegal	Senegal
Spagna	Spuenien
Venezuela	Venezuela
Vietnam	Vietnam

Paesi #2
Länner, #2

Albania	Albanien
Danimarca	Nemark
Etiopia	Äthiopien
Giamaica	Jamaika
Giappone	Japan
Grecia	Griicheland
Haiti	Haïti
Indonesia	Ageloggt
Irlanda	Irland
Laos	Laos
Messico	Mexiko
Nepal	Nepal
Nigeria	Nigeria
Pakistan	Pakistan
Russia	Russland
Siria	Syrien
Somalia	Somalia
Sudan	Sudan
Ucraina	Ukrain
Uganda	Ugana

Piante
Planzen

Albero	Bam
Bacca	Berry
Bambù	Bambu
Botanica	Botanie
Cactus	Kaktus
Cespuglio	Busch
Crescere	Wuesse
Edera	Efeu
Erba	Gras
Fagiolo	Banen
Fertilizzante	Dünger
Fiore	Bloem
Flora	Flora
Foglia	Blat
Fogliame	Blëtt
Foresta	Wald
Giardino	Garden
Muschio	Moos
Radice	Root
Vegetazione	Vegetatioun

Professioni #1
Beruffer #1

Allenatore	Trainer
Ambasciatore	Ambassadeur
Artista	Kënschtler
Astronomo	Astronom.
Avvocato	Avocat
Ballerino	Dänzer
Banchiere	Banquier
Cacciatore	Jeeër
Cartografo	Kartograph
Editore	Editor
Farmacista	Apdikter
Geologo	Geolog
Gioielliere	Jeweller
Idraulico	Plummer
Infermiera	Klechter
Marinaio	Militant
Musicista	Musiker
Pianista	Pianist
Psicologo	Psycholog
Veterinario	Tierarzt

Professioni #2
Beruffer #2

Astronauta	Astronaut
Bibliotecario	Bibliothéik
Biologo	Biolog
Chirurgo	Chirurg
Dentista	Zahnarzt
Filosofo	Philosoph.
Fotografo	Fotograf
Giardiniere	Gärtner
Giornalista	Journalist
Illustratore	Illustrateur
Ingegnere	Ingenieur
Insegnante	Léierin
Inventore	Erfinder
Investigatore	Enquete
Linguista	Zu Useldeng
Medico	Dokter
Pilota	Pilot
Pittore	Maler
Ricercatore	Fuerscher
Zoologo	Zoolog

Psicologia
Psychologie

Clinico	Klinisch
Cognizione	Wahrnehmung
Comportamento	Verhale
Conflitto	Konflikt
Ego	Superheld
Emozioni	Emotionen
Idee	Ideen
Inconscio	Onbewusst
Infanzia	Kandheet
Pensieri	Gëtt
Percezione	Perseptioun
Personalità	Personalitéit
Problema	Problem
Realtà	Realitéit
Sensazione	Sensatioun
Sogni	Dremmen
Terapia	Therapie
Valutazione	Bewäertung

Riscaldamento Globale
Global Äerderwäermung

Ambientale	Ëmwelt
Artico	Arktis
Clima	Klima
Crisi	Kris
Dati	Date
Energia	Energie
Futuro	Zukunft
Gas	Gass
Generazioni	Generatioune
Governo	Regering
Industria	Industrie
Internazionale	International
Legislazione	Legislatioun
Ora	Elo
Sviluppo	Entwécklung
Temperature	Temperaturen

Ristorante #2
Restaurant #2

Acqua	Waasser
Cameriere	Water
Cena	Diner
Cucchiaio	Lëscht
Delizioso	Lescht
Forchetta	Forschett
Frutta	Fruucht Giess
Ghiaccio	Äis
Insalata	Salat
Minestra	Zopp
Pesce	Fisch
Pranzo	Mëtte
Sale	Salz
Sedia	Hl
Spezie	Rzen
Torta	Kachen
Verdure	Geméis

Salute e Benessere #1
Gesondheet a Wellness #1

Abitudine	Gewohnheit
Altezza	Héicht
Attivo	Aktiv
Batteri	Bakterien
Clinica	Klinik
Fame	Hunger
Farmacia	Apdikt
Frattura	Fraktur
Medicina	Medizin
Medico	Dokter
Muscoli	Muskelen
Nervi	Nerven
Ormoni	Hormon
Ossa	Skelett
Pelle	Haut
Riflesso	Reflex
Rilassamento	Relaxatioun
Terapia	Therapie
Trattamento	Behandling
Virus	Virus

Salute e Benessere #2
Gesondheet a Wellness #2

Allergia	Allergie
Anatomia	Anatomie
Appetito	Appetit
Caloria	Kalorie
Corpo	Kierper
Dieta	Diét
Digestione	Verdauung
Disidratazione	Dehydratioun
Energia	Energie
Genetica	Genetik
Igiene	Hygiene
Infezione	Quelltext
Malattia	Krankheit
Massaggio	Massage
Nutrizione	Ernährung
Ospedale	Spidol
Peso	Gewicht
Sangue	Blut
Sano	Gesond
Vitamina	Vitamin

Scacchi
Schachspill

Avversario	Géigner
Bianco	Wäiss
Campione	Champion
Concorso	Concours
Diagonale	Diagonal
Giocatore	Spiller
Gioco	Spill
Nero	Schwaarz
Passivo	Passiv
Re	Keng
Regina	Queen
Regole	Regelen
Sacrificio	Dunn
Strategia	Strategie
Tempo	Zeit
Torneo	Tournoi

Scienza
Wëssenschaft

Atomo	Atom
Chimico	Chemesch
Clima	Klima
Dati	Date
Esperimento	Experiment
Evoluzione	Evolutioun
Fatto	Fakt
Fisica	Physik
Fossile	Haaptsächlech
Gravità	Gravitéit
Ipotesi	Hypothes
Laboratorio	Laboratoire
Metodo	Methode
Minerali	Mineral
Molecole	Molekulen
Natura	Natur
Particelle	Partikel
Piante	Planzen

Spezie
Gewierzer

Aglio	Knuewelek
Amaro	Jeremy
Anice	Anis
Cannella	Zimt
Cardamomo	Kardemom
Cipolla	Ënner
Coriandolo	Koriander
Cumino	Mmel
Curcuma	Turmeich
Curry	Currypaste
Dolce	Séis
Finocchio	Fenchelsamen
Gusto	Gous
Noce Moscata	Muskatnuts
Paprika	Paprika
Pepe	Pfeffer
Sale	Salz
Vaniglia	Vanille
Zafferano	Safiental
Zenzero	Ingwer

Spiaggia
Strand

Asciugamano	Handduch
Barca	Boot
Barca a Vela	Segelboot
Blu	Blo
Costa	Küst
Granchio	Krabbe
Isola	Insel
Laguna	Lagun
Mare	Mier
Oceano	Ozean
Ombrello	Dirschen
Sabbia	Sand
Sandali	Sandale
Scogliera	Riff
Sole	Sonn
Vacanza	Vakanz

Sport
Sport

Allenatore	Trainer
Arbitro	Arbitter
Atleta	Athlet
Baseball	Baseball
Basket	Basket
Bicicletta	Veel
Campionato	Championnat
Ginnastica	Eriwwer.
Giocatore	Spiller
Gioco	Spill
Golf	Golfplatz
Hockey	Eishockey
Movimento	Bewegung
Palestra	Fitnessraum
Squadra	Team
Stadio	Stadion
Tennis	Tennisplatz
Vincitore	Gewënner

Strumenti Musicali
Musikalesch Instrumenter

Arpa	Harfe
Banjo	Hohlschrauben
Chitarra	Gitar
Clarinetto	Klarinett
Fagotto	Bassun
Flauto	Fl
Gong	Gong
Mandolino	Mandoline
Marimba	Marimbas
Oboe	Oboe
Percussione	Perkussion
Pianoforte	Piano
Sassofono	Saxophon
Tamburello	Tamburin
Tamburo	Drum
Tromba	Trompet
Trombone	Bassposaune
Violino	Gei
Violoncello	Cello

Tecnologia
Technologie

Blog	Blog
Browser	Browser
Byte	Byte
Computer	Computer
Cursore	Cursor
Dati	Date
Digitale	Digital
File	Datei
Internet	Internet
Messaggio	Homepage.
Schermo	Écran
Sicurezza	Sécherheet
Software	Software
Statistiche	Statistik
Telecamera	Kamera
Virtuale	Mei
Virus	Virus

Tempo
Zäit

Anno	Joer
Annuale	Annuell
Calendario	Kalender
Decennio	Dekade
Dopo	No
Futuro	Zukunft
Giorno	Dag
Ieri	Gestern
Mattina	Moien
Mese	Mount
Mezzogiorno	Meiden
Minuto	Minutt
Notte	Nuecht
Oggi	Haut
Ora	Stonn
Orologio	Auer
Presto	Geschw
Prima	Fir
Secolo	Joerhonnert
Settimana	Woch

Tipi di Capelli
Hoer Zorte

Asciutto	Drëcht
Bianco	Wäiss
Biondo	Blond
Breve	Kort
Calvo	Kahl
Grigio	Gro
Intrecciato	Flechten
Liscio	Glat
Lucido	Schnëtt
Lungo	Lang
Marrone	Brong
Morbido	Mëll
Nero	Schwaarz
Riccio	Curleg
Riccioli	Kurlen
Sano	Gesond
Sottile	Dënn
Spessore	Deck

Uccelli
Villercher

Airone	Reiher
Anatra	Ente
Aquila	Adler
Cicogna	Storch
Cigno	Swan
Colomba	Douwen
Cuculo	Kuck
Fenicottero	Flamingo
Gabbiano	Möve
Oca	Gäis
Pappagallo	Papagei
Passero	Spauer
Pavone	Pavo
Pellicano	Pelikan
Piccione	Columba
Pinguino	Pinguin
Pollo	Huhn
Struzzo	Struus
Tucano	Toucan
Uovo	Eeg

Universo
Universum

Asteroide	Asteroid
Astronomia	Astronomie
Astronomo	Astronom.
Atmosfera	Atmosfär
Buio	Däischtert
Celeste	Himell
Cielo	Himmel
Cosmico	Kosmisch
Emisfero	Hemisphär
Galassia	Galaxy
Latitudine	Breedegrad
Longitudine	Längt
Luna	Mount
Orbita	Orbit
Orizzonte	Horizont
Solare	Solar
Solstizio	Sonnenwende
Telescopio	Teleskop
Visibile	Gesinn
Zodiaco	Tierkreis

Vacanze #2

- Vakanz - #2

Aeroporto	Fluchhafen
Campeggio	Campingsplaz
Destinazione	Zil
Hotel	Hotel
Isola	Insel
Mappa	Kaart
Mare	Mier
Passaporto	Pass
Spiaggia	Strand
Straniero	Ausländer
Taxi	Nieweroll
Tempo Libero	Fréischt
Tenda	Zelt
Trasporto	Transport
Treno	Zuch
Viaggio	Reis
Visto	Visa

Veicoli

Nutzfahrzeuge

Aereo	Fléier
Ambulanza	Krankenwagen
Auto	Auto
Autobus	Bus
Bicicletta	Veel
Camion	Truckt
Caravan	Roulotten
Elicottero	Helikopter
Metropolitana	Bunn
Motore	Motor
Pneumatici	Pneuen
Razzo	Rakéit
Scooter	Roller
Sottomarino	Boot
Taxi	Nieweroll
Traghetto	Bevëlkerung
Trattore	Traktor
Treno	Zuch
Zattera	Dee

Verdure

Geméis

Aglio	Knuewelek
Broccolo	Brokkoli
Carciofo	Artischocke
Carota	Karrot
Cetriolo	Gurke
Cipolla	Ënner
Insalata	Salat
Melanzana	Eegplant
Oliva	Oliv
Patata	Gromper
Pisello	Erbse
Pomodoro	Tomat
Prezzemolo	Petersilie
Rapa	Troppel
Ravanello	Radisch
Scalogno	Schallot
Sedano	Sellerie
Spinaci	Spinat
Zenzero	Ingwer
Zucca	Kürbis

Vestiti

Kleedung

Abito	Kleid
Braccialetto	Armband
Camicetta	Bluse
Camicia	T-Shirt
Cappello	Huet
Cappotto	Mantel
Cintura	Ceinture
Collana	Kette
Giacca	Jacke
Gonna	Rock
Grembiule	Schort
Guanti	Handschuh
Jeans	Jean
Maglione	Pullovere
Moda	Mode
Pantaloni	Box
Pigiama	Schlafanzug
Sandali	Sandale
Scarpa	Schoen
Sciarpa	Schal

Congratulazioni

Ce l'hai fatta!

Speriamo che questo libro vi sia piaciuto tanto quanto a noi è piaciuto concepirlo. Ci sforziamo di creare libri della più alta qualità possibile.
Questa edizione è progettata per fornire un apprendimento intelligente, di qualità e divertente!

Le è piaciuto questo libro?

Una Semplice Richiesta

Questi libri esistono grazie alle recensioni che pubblicate.

Puoi aiutarci lasciando una recensione
ora a questo link ?

BestBooksActivity.com/Recensioni50

SFIDA FINALE!

Sfida n°1

Sei pronto per il tuo gioco gratuito? Li usiamo sempre, ma non sono così facili da trovare - ecco i Sinonimi!
Scrivi 5 parole che hai trovato nei puzzle (n° 21, n° 36, n° 76) e prova a trovare 2 sinonimi per ogni parola.

*Scrivi 5 parole del **Puzzle 21***

Parole	Sinonimo 1	Sinonimo 2

*Scrivi 5 parole del **Puzzle 36***

Parole	Sinonimo 1	Sinonimo 2

*Scrivi 5 parole del **Puzzle 76***

Parole	Sinonimo 1	Sinonimo 2

Sfida n°2

Ora che ti sei riscaldato, scrivi 5 parole che hai trovato nei puzzle n° 9, n° 17 e n° 25 e cerca di trovare 2 contrari per ogni parola. Quanti ne puoi trovare in 20 minuti?

Scrivi 5 parole del ***Puzzle 9***

Parole	Antonimo 1	Antonimo 2

Scrivi 5 parole del ***Puzzle 17***

Parole	Antonimo 1	Antonimo 2

Scrivi 5 parole del ***Puzzle 25***

Parole	Antonimo 1	Antonimo 2

Sfida n°3

Grande! Questa sfida  non è niente per te!

Pronto per la sfida finale? Scegli 10 parole che hai scoperto nei diversi puzzle e scrivile qui sotto.

1.	6.
2.	7.
3.	8.
4.	9.
5.	10.

Ora scrivi un testo pensando a una persona, un animale o un luogo che ti piace.

Puoi usare l'ultima pagina di questo libro come bozza.

La tua composizione:

TACCUINO:

A PRESTO!

Tutta la Squadra

www.ingramcontent.com/pod-product-compliance
Lightning Source LLC
Chambersburg PA
CBHW082047120626
46553CB00011B/3312
9798896705819